一个人的精神发育史
就是他的阅读史。

精阅读
享未来

价值阅读导航

阅读小引：

从中欧小国的贫穷女孩到享誉世界的女科学家，居里夫人走出了一条很多人想都不敢想的路。在科学的道路上，她和丈夫皮埃尔·居里携手并进，在艰难简陋的条件下，经过三年多的坚持和努力，终于提炼出了镭，为人类做出了巨大的贡献，也在科学史上谱写了华美篇章。她曾说，“我的最高原则是：不论对任何困难都决不屈服”，那就让我们跟随居里夫人的脚步，去看一看这位倔强女性的传奇之路！

阅读规划：

◎《居里夫人自传》是著名科学家居里夫人晚年的自传。《居里夫人自传》由两部分构成，第一部分是玛丽·居里的自传，第二部分则是由居里夫人为丈夫皮埃尔·居里撰写的传记。建议用一周的时间完成本书的阅读。

可以每天阅读二三十页，在前两天阅读“居里夫人自传”的部分，接着用四天阅读“皮埃尔·居里传”的部分，剩余一天进行拓展阅读。此外在周末或假期则可以适当增加阅读量。另外，也可以根据自己的阅读兴趣及阅读习惯来自由安排阅读时间。

◎阅读本书可以采用圈点批注的方法，例如对自己有独特感悟的地方进行赏析式批注阅读，对有疑问的地方采取质疑式阅读等。这部自传文学总体不长，每一篇相对来说比较独立，情节比较简单，语言也通俗易懂，所以我们完全可以用较短的一周时间快速阅读一遍，边读边做简要的圈点批注，提取出各部分的主要情节和人物形象的特点。

在重点把握自传中居里夫人的人物形象特点的同时，也应当要注意对皮埃尔·居里的人物形象的理解，可以说，是皮埃尔·居里将居里夫人真正地领入科学的大门，从某种意义上说，皮埃尔·居里就是居里夫人的伯乐以及领路人。同时要重点品读皮埃尔·居里去世后，居里夫人以日记形式所展现的内心独白，对此进行认真感悟、研读，然后探究居里夫人为何在丈夫去世后还能创造出震动世界的辉煌成绩，从而加深对人物、对作品的理解。

名家评赏：

在我认识的所有著名人物里面，居里夫人是唯一不为盛名所颠倒的人。

——美国物理学家　爱因斯坦

玛丽·居里，您是一个伟大的学者，一个竭诚献身工作和为科学牺牲的伟大妇女，一个无论在战争中还是在和平中始终为分外的责任而工作的爱国者，我们向您致敬。

——法国科学院院长　晓发尔

链接阅读：

有兴趣也可以去阅读作者的女儿艾芙·居里撰写的《居里夫人传》，以便与本书进行比较，从而更深层次地感知作品。此外，人物自传类的作品还有很多，建议去阅读一些名家自传，如法国作家罗曼·罗兰的《名人传》、奥地利作家茨威格的《人类的群星闪耀时》，从中了解这些名人的生平事迹和其所具备的精神品质，这会对我们的成长有所启发。

（蔡飞飞）

价值阅读指导专家

史绍典　湖北省教研员，全国中语专委会学术委员会副主任
伊道恩　天津市教研员，全国中语专委会学术委员会主任
朱芒芒　江苏省教研员，全国中语专委会常务理事
何立新　四川省教研员，全国中语专委会副理事长
吴　益　海南省教研员，全国中语专委会副理事长
吴惟粤　广东省教研员，全国中语专委会副理事长
杨　桦　安徽省教研员，全国中语专委会副理事长，阅读推广中心副主任
陈　军　上海市教研员，全国中语专委会副理事长
孟素琴　河南省教研员，全国中语专委会常务理事，阅读推广中心主任
胡　勤　浙江省教研员，全国中语专委会常务理事

价值阅读指导委员

吴雁驰　湖南省教研员，全国中语专委会常务理事
蒋红森　湖北省教研员，全国中语专委会常务理事
孙　雷　黑龙江省教研员，全国中语专委会常务理事
冯善亮　广东省教研员，全国中语专委会常务理事
王来平　陕西省教研员，全国中语专委会常务理事
张伟忠　山东省教研员，全国中语专委会常务理事
张豪林　河北省教研员，全国中语专委会常务理事
张瑾琳　河北省教研员，全国中语专委会常务理事
杜德林　辽宁省教研员，全国中语专委会理事
苏盛葵　海南省教研员，全国中语专委会常务理事
哈　薇　青海省教研员，全国中语专委会理事
赵福楼　天津市教研员，全国中语专委会副理事长
安　奇　宁夏回族自治区教研员，全国中语专委会理事
段承校　江苏省教研室中学语文教研员

经典名著 大家名译

闻 钟◎主编

素质版 2.0

〔法〕玛丽·居里 著 陈筱卿 译

居里夫人自传

创于1897 商务印书馆 The Commercial Press

图书在版编目(CIP)数据

居里夫人自传 / (法) 玛丽 · 居里著 ; 陈筱卿译. —北京 : 商务印书馆, 2016 (2021.5 重印)
(经典名著大家名译)
ISBN 978 - 7 - 100 - 12478 - 2

Ⅰ. ①居…　Ⅱ. ①玛… ②陈…　Ⅲ. ①居里夫人(Curie, Marie 1867—1934)—自传　Ⅳ. ①K835.656.13

中国版本图书馆 CIP 数据核字(2016)第 188091 号

居里夫人自传
〔法〕玛丽 · 居里　著
陈筱卿　译

商 务 印 书 馆 出 版
(北京王府井大街36号　邮政编码100710)
商 务 印 书 馆 发 行
三河市嘉科万达彩色印刷有限公司印刷
ISBN 978 - 7 - 100 - 12478 - 2

2016 年 9 月第 1 版　　开本 915×630　1/16
2021 年 5 月第 8 次印刷　　印张 12

定价:20.80 元

价值人生从价值阅读开始
——代序

全民阅读形象代言人　朱永新

信仰与法治，一软一硬地引导与规范着一个人的言行，而最终导引与制约着国家、民族乃至人类。

何为信仰？信仰就是方向。所以，一个有信仰的民族，才能够有明确的前行方向，才会步履坚定从容，逢山开路，遇水搭桥。

何为法治？法治就是契约。所以，一个法制健全的社会，才能够更科学地决策，更及时地纠偏，更充分地保障，更理性地行动。

信仰与法治，都离不开全体国民的基本素养。所以，中国未来的命运，其实正是这样从一人至人人，最终取决于国民整体素质的提高。

素质的核心是价值观。无论是信仰的建立还是法治精神的形成，都是基于价值观。由此，在当下，在社会层面上，我们亟须寻找一个可以栖息的“精神家园”；在个人层面上，我们亟须寻找一种有利成长的“正向价值观”。这是我们所处时代的最大当务之急。

价值观的培养应从青少年开始。价值观就像方向盘，方向正确，只要坚持行走，距离目标就会越来越近；反之则会南辕北辙。事实上，在影响人终生发展的因素中，分数并非最重要，真正起制约作用的是品德、品格，要让其享受做人的快乐，受人欢迎、尊重，而不仅仅是知识和学问的习得。但是，当今许多家庭条件优越的孩子，在技能上得到了很好甚至过度的关注，却在人生的一些基本价值观上发生教育缺失，直接导致了这些有天分的孩子误入歧途。

价值观的培养应从阅读开始。一个人的精神发育史就是他的阅读史。一个民族的精神境界取决于这个民族的阅读水平。读什么我们就会成为什么，我们的精神高度由我们阅读的高度决定，我们的价值观在阅读的过程中逐步形成。

在阅读的重要性与急迫性已逐步成为共识的情况下，读什么和怎么读，就是另外两个根本的问题。我在许多场合下强调，应该把最美好的东西给最美丽的童年。为此，新教育实验成立专门的研究机构，为青少年精心挑选优秀图书，全面定制中国人基础阅读书目。显然，通过经典名著的价值阅读，培养青少年爱国、敬业、诚信、友善、爱心、专注、勤俭、坚韧、自信、自立、勇敢等一生受用的品质，使名著阅读回归其本意，这既是阅读的本质，又是解决“读什么”的答案。

也正是基于同样的思考，商务印书馆作为百年品牌出版社，高举“价值阅读”的大旗，紧紧抓住经典名著对青少年成长的重要性，推出了这套“经典名著大家名译”系列图书，倡导重读经典与价值阅读。其编辑思想是，对名著阅读既不做简单的呈现，又不将名著阅读庸俗化和功利化，而是在认真理解原著本意的基础上，从主题对品质的角度，紧扣价值观阅读的宗旨，使阅读具有更强的针对性和实效性。如从《爱的教育》的阅读中，学会如何爱及对爱心的培养；从《童年》的阅读中，懂得困境是人生最好的老师；从《老人与海》中，了解人的尊严和意志的力量；等等。

在这套“经典名著大家名译”系列图书的策划中，还专门做了“名家导学 3—2—1”的体例设计，即在阅读每一本经典名著时，都需关注 3 个阅读要点、2 个知识要点、1 个成长要点。这既能使学生在面对名著时盲目阅读、无从选择等问题得到一定的解决，又能使学生翻书即有收获，从而提高他们的阅读积极性。当然，就像人们对于要不要开书目有不同的观点一样，要不要提供具体的阅读方法，也是仁者见仁、智者见智，因为我们新教育也主张让学生自主探究，班级共读。但毫无疑问，对于初步接触名著的学生来说，有一个阅读的书目，进行必要的阅读指导，还是有益的。

总之，以价值阅读接受伟大人格与崇高品质的濡染，寻觅并创造我们每一个人的精神家园，这的确是值得点赞的尝试。

让有价值的人生从有价值的阅读开始！

2014 年 8 月 24 日写于河南洛宁

中译本序

若干年前，当我还是个初中生时，我就听见老师们崇敬有加地对我们讲述居里夫人的伟大成就。几十年前的我听得入迷的情景至今历历在目，在脑子里不时地浮现出来。

少年时的我，只知道她是个外国女人，一位了不起的科学家。今天，出版社约我翻译她的自传，我当然是欣然从命，因为这可以让我有机会更清楚、更详细地了解这位伟大女性的一生。这种有意义的事情，谁都会很乐意地去做。

居里夫人是一位伟大的科学家，这是不言而喻的，但也是一位谦虚的科学家。她之所以写自传，完全是难拂一再劝说她写自传的美国好友、女记者梅乐内夫人的美意，以免让她失望。这位美国女记者为了支持居里夫人的科学研究工作，曾呼吁美国妇女积极捐款资助居里夫妇因经费紧张而陷于困境的研究工作。最后，梅乐内夫人用妇女界的捐款购买了一克镭相赠，美国总统哈定亲自主持了捐赠仪式，令前来美国接受捐赠的居里夫人感动不已。在这个异国友人的敦促下，居里夫人只好勉为其难地动起笔来。她的《自传》有四万字左右，直白、坦诚，不加修饰。我们从中可以看到一个出生在波兰首都华沙的普通家庭的女孩，凭借自己的刻苦努力，顽强奋斗，以优异的成绩高中毕业之后，前往巴黎求学。她一边学习一边打工，其苦其累尽在不言中。在与皮埃尔·居里相识、相知，到喜结良缘之后，夫妻二人性格相近，志趣相投，为了科学研究而甘于寂寞，乐于过着清贫的生活，终于发现了新元素——镭，并将它运用到医学上，救死扶伤。第一次世界大战爆发时，她带领医疗队，奔赴各个战区，利用与丈夫共同发明的X光设备，积极地投入到抢救伤病员的行列中去。一位知名的科学家，战争爆发后，在前线又当上了白衣天使，其高尚的精神可歌可泣、可敬可佩。她与丈夫一样，整天待在由于经费不足而设备简陋、条件极差的实验室里，冒着受到有毒气体伤害的危险，为寻找新元素而废寝忘食，先后发现了钋和镭两种新的元素。由于她与丈夫皮埃尔·居里的卓越成就，他们和贝克莱尔一同获得了诺贝尔物理学奖，居里夫人成为该奖历史上第一位女性获奖者。在居里先生不幸遇车祸而英年早逝之后，不到四十岁的她，一度被这意外的沉重打击所压倒，终日在思念自己的丈夫——科学研究事业上的战友和朋友。最后，她还是把自己的痛苦深埋在心中，一边抚养两个年幼的女儿和照顾年迈的公公，一边继续进行科学探究，并再一次获得了诺贝尔化学奖，成为两次荣获诺贝尔奖的科学家，而且与第一次不同，这一次是她单独获奖，真可谓史无前例。

这本十多万字的“小书”的第二部分是居里夫人撰写的她丈夫皮埃尔·居里的传记，其篇幅远远长于她自己的生平传记，她对丈夫的深情由此也可见一斑。书中详细记述了皮埃尔·居里高尚的人格魅力。他以大公无私、不计回报、无怨无悔的精神与自己的妻子一道，矢志不渝地走在科学探索的道路上。他的精神感染着、鼓舞着自己的妻子，二人并肩战斗，终于登上了科学研究的高峰，做出了不朽的贡献，为人类创造了幸福。尽管自己的生活很清贫，但有妻子这样一位志趣相投的伴侣，他很满足，一门心思地埋首于实验之中。婚姻美满，事业有成，但天不遂人愿，很不公平地让他惨遭飞来横祸。这不仅是法国的一个重大损失，也是世界无法弥补的损失。他的突然逝世令世界为之震惊。唁电、唁函如雪花般纷纷飞来，有各国著名科学家发来的，也有一般平民百姓发来的，足见他的崇高品德、伟大贡献是如此的深入人心。

我谨在此摘录几篇知名科学家对他的吊唁与评价的片段，作为对这位英年早逝的、为人类做出巨大贡献的科学家的缅怀。

法国著名科学家普安卡雷在法国科学院的悼念会上的悼词：

> 在物理学研究中，居里先生头脑缜密细致至极，能够去粗存精、去伪存真，在别人很可能被引入歧途的错综复杂的谜团中，找到正确的方向……所有与他交往的人都能体会出他的真诚、率直，可以说，从他的温柔谦和、天真坦率、思维敏捷之中散发出巨大的魅力。在他的朋友们，甚至对手们面前，他总是礼让三分……谁能想到这么温柔可爱的一个人却深藏着一颗不屈不挠的心呢？他在原则问题上绝不妥协，在绝对真诚的道德理想上也绝不妥协……

著名科学家让·佩兰在1906年5月的一期《当月》杂志上撰文：

> 但凡认识皮埃尔·居里的人都知道，与他在一起，你就会不自觉地产生那种急于工作、急于研究、急于弄出个水落石出的感受。我们将把这种感受广为宣扬，以此来更好地缅怀他。我们还将从他那张苍白但英俊的面庞上探寻那种使得接近他的人力量倍增的感召力的秘密……

他的学生，著名科学家什内沃1906年4月在物理和化学学校校友联谊会上的发言：

> 我们中间有些人对他不无道理地崇拜至极。就我本人而言，除了我的家人以外，他就是我最爱戴的一个人，因为他懂得如何以一种极大的、细心的爱去关怀我这个卑微的助手。他对人和蔼可亲，他的助手们都非常崇敬他。当实验室里的学生们听见噩耗，

一个个泪流满面，痛不欲生……

他的学生，后来的继任者，著名科学家朗之万1906年7月在《当月》杂志上撰文：

> 我作为学生走进他的实验室时，他只有二十九岁，但在实验室里度过的整整十年的时光使他做起实验来游刃有余。尽管我们才疏学浅，笨手笨脚，但一见到他那副成竹在胸的坚定神态、腼腆但坦然的表情，并得到他细心的指教，我们便心中有底，不慌不忙地跟着他认真做起来……我学生时代最美好的记忆也许就是在实验室里的那段时光，我站在黑板前面，听他兴致勃勃地同我们交谈，启发我们的想象力，激起我们对科学的热情与爱好。他的探索精神很强，而且极富感染力。他知识面广而扎实，唤起了我们对科学知识的渴求……

还有许多人，包括名闻海内外的著名科学家以及皮埃尔·居里的学生们的缅怀文章和讲话，就不一一摘录了。从以上所摘录的不多的一些片段中，足以看出皮埃尔·居里是怎样的一个人。让我引述居里夫人的原话来结束我的这篇译序吧：

> 他像是一个感悟真理的先知，完全摆脱了羁绊，全身心地向往理性和真知。他给我们做出了榜样，我们只要以追求理想为自己的生活目的，以自由和正直的精神鼓舞自己勇往直前、实事求是、求真务实，我们就完全可以像他一样达到尽善尽美的精神境界。

陈筱卿

2004年春

3 个阅读要点

◎作品情节

玛丽·居里，原名玛丽·斯科洛多夫斯卡，出生在波兰一个普通家庭，父母亲都从事教育工作。在父母的影响下，玛丽养成了良好的品德和学习习惯。为生活所迫，她很早就停止了学业，兼职做家庭教师。在自学过程中，她对科学的研究兴趣日益加深。二十四岁时玛丽才有机会到巴黎大学深造，并以优异的成绩完成学业。就在快毕业的时候，她结识了同样痴迷科研的皮埃尔·居里，随后他们建立了家庭，两人一起从事放射性现象和放射性物质的研究，并共同获得了诺贝尔物理学奖。此后不久，皮埃尔突遇车祸身亡，玛丽独自承担起家庭和事业的重担，后又获得诺贝尔化学奖。在此之后，取得了诸多荣誉与科研成果的玛丽便一直致力于科学和医疗事业。

◎主要人物形象

玛丽·居里

勤奋、刻苦。对科学研究有着执着的追求，在生活环境和科研条件极差的处境下，攻克了层层科研难题，并取得了令世人瞩目的成就。

热情、爱国。在国家处于战时状态的环境下，居里夫人仍然留守家园，为救治伤员积极奔走。另外，在此期间，她还培养了一批优秀的医疗卫生人员，推动了医疗卫生事业的巨大进步。

皮埃尔·居里

专注、敏慧。童年时，当他将注意力高度集中在一个特定的事物上时，外界环境丝毫不能干扰他，直至他获得一个确切的答案；另外，他在数学学习上也极有天分，善于独立思考，有着独到的几何概念和空间思维。

不慕名利。获得诺贝尔奖之后，人们慕名前来拜访，但他会因担心影响自己正常的科研活动而拒绝；他本可以凭借自己的科研成果让生活有所改善，但他仍然不为所动，只专注于自己的科研事业。

◎**主题思想**

居里夫妇的传记展现了两位科学家平凡而伟大的人生，他们用他们的光辉给我们照亮了前行的路，也用他们的行动为我们践行了这样一个真理：任何事情的完成都是需要付出努力的，你想要获得的成就越大，付出的努力就要越多。而在这前行的路上充满了艰辛和困难，只有具备顽强毅力和不屈不挠意志的人才能最终收获丰硕的果实。另外，居里夫妇不慕名利，热心于推动科学的发展和人类的进步，把自己的爱给了这个世界，他们让我们的生活越来越美好。他们的高尚情操激励了一代又一代的科学工作者。

2 个知识要点

◎学习通过典型事件刻画人物性格的表现手法。本书选取了居里夫妇在艰苦的工作条件下攻克一个又一个科学难题的经历和场景，通过这些典型的事件，他们身上坚毅的品格和为科学献身的无私奉献精神得到了充分彰显。

◎体会书信、日记对增强自传体文本真实性和感染力的重要作用。居里夫人将其夫妇二人的书信和日记呈现出来，多层次、多方面展现了两位科学家的成就和日常生活，真实再现了他们伟大的追求和丰富的内心世界，让我们对著名科学家的生活和思想都有了深刻了解。

1 个成长要点

◎居里夫人和丈夫皮埃尔在科学界取得了重要成果，并开创了研究放射性元素的先河，由此成为世人瞩目的焦点，同时赢得了人们的尊敬。然而这些令人羡慕的成就无不饱含他们艰辛的努力与付出。通过他们平凡而又伟大的一生，我们可以看到任何理想的实现都不是一蹴而就的，都需要我们始终保持热情并付出极大的努力。在我们成长的道路上，同样充满了无限可能和希望，树立自己切实可行的目标，并坚定信念，勇敢前行，才可能见到前方的曙光，从而抵达成功的彼岸，收获不一样的人生。

目　录

居里夫人自传

皮埃尔·居里传

居里夫人自传

I

导读

玛丽·斯科洛多夫斯卡出生在波兰一个中产阶级家庭，虽然她父母都是教师，但其求学路依然很艰难。经过长时间的准备和等待，玛丽如愿进入巴黎大学。在即将毕业的时候，她遇到了皮埃尔·居里。

我的美国朋友们要我把自己的生活经历写下来。一开始，我觉得这一建议对我来说实在是难以接受，但我最后还是被友人们说服了，凑凑合合地写了这个简略的生平传记。但我不可能在这本简略的传记里写出我一生中全部的感受，也无法详述我经历过的所有事情。时过境迁，许多当时的感受已经记忆模糊，时间愈久，就愈加模糊不清，竟至有时还以为有些事情与己无关。还有许多事情似乎应该是与我有关的，但一提笔想写下来时，却又好像是别人所经历的事情。无疑，人的一生中总会有一些主要的思想和某些深刻的感受在影响和支配着他，使其生活沿着一条主线往前走。这条主线通常比较容易确定，容易找到。有了这条主线，就会明白当初为什么这么做而没有那么做，就可以看到当事人的性格等各个方面的特点。

我祖籍波兰，名叫玛丽·斯科洛多夫斯卡。父母双亲都出生于波兰的小地主家庭。在我的祖国波兰，像家父家母那样拥有一份小产业的中产阶级家庭为数颇多。他们在社会上形成了一个阶层，彼此之间往往有着千丝万缕的联系。到目前为止，波兰的知识分子大多源自这一阶层。

我的祖父领导着一所省立中学，闲暇时还干一些农活。我的父亲勤奋好学，曾就读于俄国的圣彼得堡大学，毕业后回到祖国，在华沙的一所大学预科学校担任物理和数学教师。他娶了一位与他情投意合、志趣相同的年轻女子为妻。她很年轻，但已是华沙一所女子学校的校长了。在当时，她所从事的教育事业被看作是极其崇高而庄严的事业。

我的父母亲对自己所从事的教育事业严肃认真，兢兢业业，恪尽职守。他们的学生遍布波兰全国，可以说是桃李满天下。这些学生至今仍对我的父母亲爱戴而感激，怀念着自己的恩师。即使在今天，每当我回到波兰，总会遇见一些父母亲以前教过的学生，他们总要向我倾诉他们对我父母亲的温馨怀念之情。

我的父母亲尽管居住在城市，在学校任教，但他们与身在农村的亲戚们都保持着来往。每到放假，我就会跑到农村亲戚家里去小住，这使得我对波兰的农村情况颇为了解，而且也使我喜欢上了农村。在农村，我会感到无拘无束，散淡惬意。我之所以终生喜爱田野乡村，喜爱大自然，想必与这段值得怀念的生活经历不无关系。

我于1867年11月7日在华沙出生，是家里五个孩子中最小的一个。因为我大姐在十四岁时不幸病逝，所以我只有三个姐姐和一个哥哥。

由于大女儿的不幸病逝，我母亲悲恸欲绝，因而患了不治之症，年仅四十二岁便撒手人寰。母亲去世时，我才九岁，我哥哥也只有十三岁。全家人沉浸在难以言表的悲痛之中。

大姐的突然逝去，是我一生中遭遇的第一次最悲惨、最痛苦的事情。这之后，我常常会无缘无故地突然陷于忧伤悲戚、沮丧消沉之中，想必与这一悲惨之事不无关系。

我母亲为人高尚，温柔敦厚，心慈面善，而且她知识渊博，心胸坦荡，严于律己。她尽管宽容大度，温和善良，但在家中却很有威望，大家都信服她。她非常虔诚（我父母亲都是天主教徒），但她能包容一切，对宗教上的不同看法，她从来都是求同存异的，不把自己的观点强加于人。她对自己的孩子们有着很大的影响。就我个人而言，一方面，因为是小女儿而备受呵护、关切，所以我深深地爱着我母亲；另一方面，一种崇拜之情也把我和母亲紧紧地联系在一起。

母亲的不幸去世使父亲悲恸欲绝，但他并未因此而消沉，他全身心地投入到自己的工作中去，投入到对自己的孩子们的教育上来，致使自己没有多少空闲时间。母亲过世多年后，我们仍感到若有所失，百无聊赖，仿佛家中少了一个主心骨。

我们兄弟姐妹很小就开始学习了。我六岁时就上学了，是班里年龄最小、个子最矮的学生。每当有人前来听课或参观时，老师总是把我这个坐在第一排的学生叫上讲台朗读课文。我生性腼腆，一叫我上台我就吓得不行，恨不得跑出教室躲起来。我父亲是一位优秀的教师，对我们的学习十分关心，并懂得如何指导我们，但家里的经济条件变得不太好，开始时我们上的是私立学校，后来不得不转到公立学校去了。

华沙当时处于俄国的统治之下，而这种统治中最残酷的一个方面就是对学校和学生的严格控制和迫害，波兰人办的私立学校都受到警方的监视，并且一律用俄语教学。学生们很小就开始学俄语，以致母语波兰语反倒说不利索了。幸而这些学校的老师都是波兰人，他们不愿受此迫害，想方设法地让学生们多学一些波兰语。这些私立学校都不准授予正式文凭，只有公立学校才有权力授予。

所有的公立学校都是由俄国人领导的，他们一味地压制波兰人的民族意识的觉醒。所有的课程都由俄国人用俄语讲授。这些俄国教师仇视波兰民族，所以对待学生就像对待敌人似的。德高望重、知识渊博的老师都不会到这种学校去教书的，因为他们无法容忍这种敌视的态度。孩子们在这种校园环境中学习的知识是否有用，颇让人怀疑。尤为严重的是，这种环境对孩子们的道德品质的影响着实令人担忧。孩子们处于这种监视之下，不小心说了一句波兰话，或者用词稍不留神，就会受到严厉的处罚，不仅自己倒霉，而且还会殃及家人。处于这种严酷的环境之中，孩子们天真欢愉的本性丧失殆尽。然而，另一方面，这种可怕的氛围也激发了波兰青少年极大的爱国热情。

在这外族入侵和承受丧母之痛的时期，我少年时的日子过得郁郁寡欢，沉闷而无生气。不过，依然有着一些愉快的事情，它们仍旧保留在我的记忆之中。亲朋好友的欢聚让人兴奋欢快，给我们郁闷的生活带来了慰藉与希望。另外，我父亲非常喜欢文学，熟记着波兰以及外国诗人们的诗歌；他自己也能作诗赋词，而且还经常把外国的优秀诗篇译成波兰文。他就家庭琐事所写的短诗常令我们赞叹不已，佩服之至。每个周末晚间，我们都围在他的膝下，听他给我们朗诵波兰的著名诗歌和散文。这样的夜晚对于我们来说其乐融融，而且爱国主义的情愫在不知不觉之中日益增强。

我从少年时起就喜爱诗歌，并且能够背诵波兰伟大诗人们的大段诗篇，其中最为欣赏的是密兹凯维支、克拉辛斯基和斯洛瓦茨基。当我日后开始学习外国文学时，这种爱好就日益增强。我很早就在学习法语、德语和俄语，能够阅读这些语言的外文书籍，后来，我感到英语很有用，就又开始学习英语，不久就能阅读英文书和英国文学作品了。

我对学音乐不很热心。我母亲是个音乐家，嗓音很美，她希望我们都跟她学点音乐，但我却没能开窍。自她去世之后，失去了她的鼓励与督促，跟她学的那一点点又全都还给了她，每每忆及此，总不免后悔不已。

中学时，我学数学和物理很不费劲，成绩颇佳。遇到问题，便向我父亲求教。父亲喜爱科学，而且在学校也教授这类课程。他常常跟我们解说大自然及其奥秘。遗憾的是，他没有实验室，无法进行实验。

假期是我最快活的日子。我们住到乡下亲朋好友家中，躲过了警探的监视，无拘无束、无忧无虑地生活着。我们在林中奔跑喊叫，有时还在大片的田地间劳作，真是心花怒放，好不自在呀。有的时候，我们越过边境爬到加里西亚山中，那儿不属俄国的统治范围，而是由奥地利人统治着，他们比俄国人要好一些。我们可以大讲波兰语，高唱爱国歌曲，而不用担心被捕入狱。

我对山峦的最初印象极好，因为我小时候生活在平原地区。非常喜欢在喀尔巴阡山小村里的生活。放眼望去，山峦起伏，山峰突兀；低头俯视，山谷深邃逶迤，碧波荡漾的湖水点缀其间，让人心旷神怡。这些湖泊各有其风雅别致、令人心动的名字，如“海之眼”等。然而，我却从未忘怀对那一望无际的平原的眷念，那开阔的视野，那柔和的景色，让我的心灵震颤。

后来，我有幸与父亲一起到更南边的波多尼亚度假，并在敖德萨第一次见到了大海，后来又去了波罗的海。这对我来说是一次美好的经历。但是，直到去了法国，我才真正地领略了海洋的波涛汹涌和潮汐涌退的壮丽景象。我一生之中，每每看见大自然的新景象总会像个孩子似的欢喜雀跃。

我们的学校生活很快便结束了。但凡动脑子的课程我们都能得心应手，学起来毫不费力。我哥哥完成了医学院的学业之后，当上了医生，后来成为华沙一家大医院的主任医师。我的姐姐们和我原打算步父母亲的后尘当教师。但后来，我二姐改变了初衷，决定也去学医，在巴黎大学获得医学博士学位之后，嫁给了一位波兰内科大夫德鲁斯基。夫妇二人前往奥属喀尔巴阡山区一个风景如画的地方开办了一家大型疗养院。我三姐在华沙结了婚，成了斯查莱先生的夫人，多年在学校兢兢业业地从事教育工作，波兰独立后，在一所中学担任校长。

中学毕业时，我刚刚十五岁，成绩一直名列前茅。由于用功读书，身体劳累，发育似乎也不理想，父亲便强迫我毕业后到农村去生活了将近一年的时间。休息之后，我又回到华沙，回到父亲的身边，希望去一所中学任教。但家境不佳，我不得不改变自己的决定。我父亲已年迈，心力交瘁，需要休息，而他的收入却很微薄。因此，我决定找一份待遇好的工作以尽孝心。十七岁时我便找了一份家庭教师的工作，离开了家，去外地独自生活了。

离家时的情景至今记忆犹新。当我上火车后，心情十分沉重。火车隆隆地驶向前，几个小时之后，把我带到了远方。下了火车，还得乘坐马车走上五个小时。火车在广袤的大平原上飞驰，我的心里像是坠了铅一样，我心中在想，等待着我的将是什么？

我前去任教的那户人家的男主人是个农庄主。他的大女儿与我年龄相仿，而且在跟我学习的过程中，她渐渐地成了我的伙伴。主人家还有两个小孩，一个男孩，一个女孩。我和他们相处甚好。每天上完课之后，我们就一起出去散步。我因为曾在农村生活过，所以并不觉得寂寞，而且，尽管这儿的景色并不算美，但它四季各异，所以我仍然感到欢快和满足。这个庄园的新的种植技术被认为是这个地区的先进典型，我对它有极大的兴趣。我渐渐地懂得了种植技术，并且一直在关心着谷物的生长情况。在庄园的马厩里，我还摸透了马匹的脾性。

冬季来临，广袤大地上白雪皑皑，分外妖娆。有时候，我们乘坐雪橇在雪地上飞驶，竟至连路都看不清楚，我吓得冲着驾雪橇者大喊：“小心沟渠！”驾雪橇者却漫不经心地回答我：“您这是正在往河沟冲去，但别害怕！”话音刚落，雪橇便翻倒了。不过，在雪野上翻倒非但不可怕，反而增添了远足的乐趣。

我记得有一年冬天，雪花纷飞，大地上覆盖着厚厚的积雪，我们在雪地上堆起了一座形状怪异的雪屋。我们便坐在雪屋里观赏被映成玫瑰色的茫茫雪原，有时还到封冻的河上去溜冰，感到欣喜若狂，还担心天气转暖，把我们的这份快乐给夺走呢。

教课之余，当时间充裕时，我便把村子里在俄国人统治下没法求学的许多孩子编成一个班，用波兰语课本教他们读书写字。我在这么做时，主人家的大女儿也帮我一起干。孩子们的家长对我非常感激，但说实在的，我得承担一定的风险：我的这种义务教学虽有利无弊，但政府却是禁止的，认为这不利于社会稳定，因此，一旦被察觉，很有可能被捕入狱或流放西伯利亚。

晚上我一般都用来学习。当时我并未决定选择什么发展方向。我对文学和社会学很感兴趣，但在自学的过程中，我逐渐发现真正喜欢的还是数学和物理，因此就一点一点地朝这个方向去发展，最后便做出了决定，要学好数学和物理，暗下决心日后赴巴黎去求学，并为此而认真地做了学习上的准备。而且我还计划着积攒点钱，以便保证今后在巴黎的生活和学习。

在自学的过程中，困难重重，有一些困难是自己未曾料想到的。我在中学所学的东西很不完整，与法国的中学相比差距很大。为了缩小差距，我便选择一些书籍来自修。这种方法虽不很理想，却不无成效。除了学到了一些对以后有所裨益的知识外，我还养成了独立思考的习惯。

当我二姐决定去巴黎学医时，我就不得不更改自己的学习计划了。我们家的经济状况不允许我俩一起赴巴黎留学，因此我俩许诺相互帮助，先后完成学业。这样一来，我便在这位农庄主家里待了三年半，一直把我的三个学生的学业教完。然后，我回到华沙，那儿正有一个类似的工作在等待着我。

在这个新的工作岗位上，我干了一年。这时候，我父亲退休了，我与他一起度过了一年美好的时光。在这一年中，他写了一些文学作品，而我则通过家教得到一些酬劳以补家用。与此同时，我继续抓紧时间自学。在俄国人统治之下的华沙，要实现自己的梦想并非易事，但是，比起在农村的情况，在华沙成功的概率更大一些。最令我兴奋的是，我生平头一次可以走进一间实验室去做实验：这是市政府所属的一个小实验室，我的一位堂哥是该实验室的主任。除了晚上和星期天，我每天都可以进实验室去做一会儿实验，而且通常都是我独自一人在做。我按照课本上所讲的方法做各种各样的物理和化学实验，而且往往会获得一些意想不到的结果。这种时候，我会为一个小小的成功而兴奋，大受鼓舞；但有的时候，由于缺乏经验而失败，我就非常地沮丧。这让我深切地体会到，成功的道路十分坎坷。不过，这也让我更加深信，我的天性决定我更适合从事物理和化学的研究。

后来，我又觅得一个教职。我加入了华沙的一个由热心教育事业并具有共同的学习愿望的波兰年轻人组织的学习团体，他们有着自己的一套独特的学习方式。这个团体有着一定的政治色彩，要求自己的成员应以服务社会、报效祖国为己任。在一次聚会中，有一位青年说道：“我们祖国的希望系于人民的知识水平的提高和道德观念的加强，唯其如此，方能提高我国在世界上的地位。而当前首要的任务就是努力自学，并尽力地在工人和农民中间普及知识。”为此，大家商定：晚间向广大群众传授知识，每人讲授自己所精通的内容。这足以看出，该团体具有秘密结社的性质，因而需要大家具有一定的甘冒风险的精神。好在参加者都具有为祖国而牺牲的精神。我至今依然深信，该团体的参加者必将为祖国、为社会做出积极的贡献。

我当时也参加了这个团体。那相互鼓励、相互切磋、互帮互助的情景，至今回想起来仍不免会令我欣喜、激动。由于活动经费不足，该团体并未取得很大的成效，但是，直到今天，我依然深信不疑，当时的那种追求以及各种活动，无疑是使波兰社会取得进步的唯一途径。

一个人的力量看似微不足道，但实则与社会这个大家庭息息相关，因为社会的整体风气正是由每一个人的精神面貌所决定和体现的。因此，我们只有紧跟时代的步伐，努力让自己变得更加优秀，我们的共同家园才会越来越美好。

社会中的每一个人如果得不到很好的教育，不具备良好的素质，是不可能建立起一个美好的社会的。为了达到这一美好的目的，每个人都必须完善自己，并共同分担社会责任，尽其全力地投入到本职工作中去，并最有效地去帮助别人，这样一来，我们的社会必将走向进步，走向美好。

这段时期的这番经历更加坚定了我今后学习、深造的决心。我父亲虽然经济并不宽裕，但爱女之心促使他帮助我尽快实现自己的梦想。我姐姐在巴黎刚一结婚，我便决定前往巴黎求学，与她住在一起。父亲和我都希望，在我学成回国后，再在一起生活，但是，后来我因在巴黎结婚了，所以便留在了那里，没有回到华沙的父亲身边。

父亲年轻时就一直梦想着做科学研究工作，我后来在法国取得的成功，使远在祖国波兰的父亲深感慰藉，因为我圆了他的梦，所以父女虽天各一方，但他仍旧心情舒畅。父亲无私的爱，令我没齿难忘。后来，父亲与我已婚的哥哥住在一起，慈祥地教育着自己的儿孙辈。1902 年，他年逾古稀时驾鹤西去，给我们留下了深深的遗憾，令我们唏嘘不已。

1891 年 11 月，我二十四岁时，终于实现了多年来魂牵梦萦的夙愿。当我到巴黎时，受到了姐姐、姐夫的热情欢迎，但我只在他们家住了没几个月，便另觅住处了。因为他们为了行医方便住在巴黎郊外，离我上学的学校太远，我需要就近住宿，好省下时间学习。我同许多波兰学生一样，租住了一间很小的房间，除必不可少的家具外，可谓家徒四壁。我就这样艰难地度过了四年的学生生活。

四年中所取得的学习上的进步，不可能一一说出来。我只身一人，没有任何的纷扰，可以全身心地投入到学习中去。而学业上的进步又使得我心满意足，欢快不已。关于日常生活，可以说是相当地艰难，因为自己的积蓄不多，亲人们也无多大能力帮助我。但并非我一人如此，据我所知，许多来自波兰的留学生都是大同小异的。我住在顶层阁楼里，冬天非常冷，取暖炉又小，屋子里怎么也烧不暖和，而且还经常缺煤，所以屋子里脸盆中的水在夜晚常常结冰。为了睡得暖和一些，我把所有的衣服全压在被子上。我只有一盏酒精灯可以用来烧饭，其他的炊事用具就更谈不上了。为了省钱省时间，我常常是一点点面包加一杯巧克力，再加几个鸡蛋和一个水果充饥。我独自处理家务，没有任何人相帮，取暖用的煤，也是我亲自弄上七楼的。

在别人看来，我过的日子未免过于艰苦，但我却自得其乐，每天都心情愉快地埋头于学习之中。这段生活经历也让我充分体会了自由与独立精神弥足珍贵。在偌大的一个巴黎，我默默无闻，无人知晓，独自生活在自己的狭小的天地间。尽管孑然一身，单寒羁旅，无依无靠，但我并不沮丧消沉，并不觉得凄凄惨惨戚戚。当然，有时候，孤独之感会突然涌上心头，好在我的情绪通常十分平静，精神上十分满足，所以孤独情绪转瞬即逝。

我的精力全部集中在学习上，特别是在开始之时，学习上有着一定的困难。确实，我以前的基础知识很弱，虽然来之前做了一些准备，但却是很不充分的，与法国同学相比有着较大的差距，尤其数学的差距更大，使我不得不付出巨大的努力去弥补自己的不足。我把白天的时间分别用于课堂、实验室和图书馆，晚上则一个人躲在阁楼陋室中刻苦学习，常常学到深夜尚不停手。每每学到新的东西，我便会兴奋激动起来。科学奥秘如同一个新的世界渐渐地展现在我的面前，我因而也就可以自由地学习它们，掌握它们，这真的让我非常开心。

与同学们的和睦相处也给我留下了愉快的印象。刚到巴黎时，我沉默寡言，腼腆羞涩，但不久我便发现同学们一个个全都学习认真，待人亲切，于是开始同他们一起讨论学习上的问题，这更增加了我学习的兴趣。

在我就读的那个系里，没有波兰学生，但我与一个波兰侨民小团体关系却很密切。我常常参加他们在一个简陋的小屋里举行的聚会，讨论祖国波兰的各种问题，我那怀念祖国的情感在此可以大胆地抒发。我们有时一起外出散步，有时还参加公众集会，对政治保持着一种极大的热情。但第一学年临近结束时，我不得不离开这个小团体，因为我觉得自己应该把全部精力都放在学习上，这样才能尽快地完成学业，即使假期里，我也在抓紧时间复习我的数学。

我孜孜不倦的努力没有白费。我先前在知识方面的种种差距给弥补上了，从而可以与同学们一起通过考试。1893 年，物理学结业考试时，我名列前茅；1894 年，数学结业考试时，我位于乙等，我对自己所取得的成绩颇为满意。

我姐夫后来在谈及我那几年的艰苦学习情况时，戏谑地说那是“我小姨子一生中英勇顽强的时期”。我自己也始终把这段时期的艰苦奋斗视为我一生中最值得回忆的一个美好的时期。在这一期间，我孤身奋斗，没日没夜全身心地埋头钻研，终于达到了有能力进行科学研究的目的。

也就是在 1894 年，我与皮埃尔·居里初遇。我的一位同胞，弗利堡大学教师打电话邀请我去他家玩，同时还邀请了巴黎的一位年轻的物理学家，他对后者非常熟悉，也非常赞赏。当我走进我这位同胞家的客厅时，立即看见了这个年轻人。他站在朝向阳台的一扇法式窗户前，宛如窗玻璃上镶嵌的一幅画。他身材修长，红棕色头发，一双大眼睛清澈明亮。他神态飘逸，表情深沉而温柔。乍一看到他时，你会觉得他是一个沉浸在自己思绪之中的梦幻者。他对我表示出一种质朴而真诚的态度，似乎对我很有好感。在这第一次见面之后，他希望以后再见到我，继续讨论科学和社会等各种问题。对这些问题，我俩看法相似，很谈得来。

随后，他便来我的学生公寓拜访我，我们渐渐地便成了好朋友。他向我介绍了他每天的工作情况、他的研究以及他献身科学的梦想与决心。不久之后，他便向我吐露心声，希望与我共同生活，共同去追寻科学的梦想。但开始时，我一下子还下不了决心，犹豫着，因为这样一来，我就得永远离开自己的祖国和家人。

假期来临，我回到波兰。当时对是否返回巴黎尚未做出决定。但是，那年秋天，我为了准备博士论文，又回到了巴黎，进了巴黎大学的一所物理实验室，开始进行实验研究。

我又见到了皮埃尔·居里。由于科研的缘故，我与他的接触日益增多，关系也渐渐地愈加密切。等到我们彼此都感觉到除了对方以外，两人谁也不可能找到更合适的生活伴侣时，我们便决定结成夫妻，并于 1895 年 7 月举行了婚礼。

当时，皮埃尔·居里刚刚获得博士学位，并受聘在巴黎物理和化学学校任教。这一年，他三十六岁，已经是国内外颇有名气的物理学家了。他一门心思地投入科学研究中，很少关心自己的职位、待遇等方面的问题，所以他的经济状况很是一般。结婚前，他与老父老母在一起生活，住在巴黎郊区的苏城。他十分孝顺，我记得他第一次跟我谈到他的父母时，用了“慈父慈母”一词。说实在的，他并未夸大其词。他父亲是一位造诣颇深的物理学家，为人慷慨豁达，性格刚强；他母亲是一位贤妻良母，一生相夫教子，无怨无悔。皮埃尔·居里的哥哥是蒙彼利埃大学的教授，皮埃尔对哥哥十分敬重，兄弟俩感情非常深厚。我有幸进入这样的一个家庭，心里十分高兴，而且我也确实受到这家人的热情欢迎。

我们举行了一个极其简单的婚礼。前来参加婚礼的只有为数不多的亲朋好友。我父亲和姐姐从波兰赶来了，我感到非常地高兴。我和皮埃尔都没有专门购置什么结婚礼服。

除了需要一个安静的地方供我们居住和工作以外，我俩并无其他奢望。我们很高兴地找到了一个三居室，从窗口看出去，眼前是一座美丽的花园。老人们为我们购置了一些家具什物。我的一位亲戚送给我一份喜钱，我们用它买了两辆自行车，以便出去远游。

Ⅱ

导读

玛丽跟皮埃尔因志趣相投而走到一起，在极其艰苦的条件下两人仍埋头于科学实验中。然而就在工作取得重要成果时，他们的生活却遭遇了沉重打击。

结婚之后，对我来说，一种新的生活开始了，这与前几年那单寒羁旅的生活真是天壤之别。我与丈夫情意相投，志趣爱好和共同的工作把我们紧密地联系在一起，几乎总在一起，很少分开，以至我只保留着皮埃尔写给我的有数的几封信。我丈夫在教学之余，把时间几乎全都用于在他教学的学校实验室里做实验，我也获准与他一起在实验室工作。

我们的住所就在学校附近，所以来去都不会花多少时间。由于收入甚微，我们不得不花不少时间来料理家务，尤其得自己动手做饭。这样一来，就与我们的学习与研究产生了冲突，想要妥善处理这一矛盾并非易事。不过我还算坚强，勉勉强强地总算把这种矛盾处理好了。让我尤为高兴的是，小家庭的生活没有被这些家务琐事搅乱，我们仍旧能过上温馨平静的日子。

我在实验室工作的同时，还不得不学习少量的课程，因为我决心参加师资合格证书考试，以便日后在女子中学任教。经过数月的努力，1896 年 8 月，我以第一名的优异成绩顺利地通过了考试。

在实验室工作之余，我们主要的消遣方式就是散步和骑自行车去郊外野游。皮埃尔对户外活动非常喜欢，对于森林里的动植物有着极大的兴趣。他的足迹遍布巴黎附近的一座座森林。我也一向喜爱农村，所以经常夫妻双双饶有兴趣地骑车郊游。这种郊游对我对他都有很大的好处，使我们的大脑在紧张的科学研究之后得以充分地放松，紧张的心情得以缓解。郊游归来，往往还会带回几束香气扑鼻的鲜花野草。有时候，游兴高涨，竟忘了时间，直到深夜方归。我们还定期地去探望皮埃尔的父母，他们为我们留着专用的房间。

假期里，我们可以骑上自行车，跑到很远的地方去。我们的足迹留在了奥弗涅和塞文山区以及海边的许多地方。我俩都非常喜欢整天的长距离远游，每天晚上总要找一个新的地方歇息。如果在同一个地方待得太久，皮埃尔就会老想着回到实验室去干活儿。有一年假期，我们一起去了喀尔巴阡山区看望我的家人，而且，因这次远行，皮埃尔还学会了几句波兰话。

然而，在我们的生活中，最重要的当然还是科学研究。皮埃尔对自己所教授的课程非常认真，仔细地备课。我有时也帮他收集一些资料。在帮他收集资料的过程中，我也同样有所收获。不过，我们的大部分时间还是用于科学研究。

那时候，皮埃尔还没有自己的个人实验室。学校的实验室虽然可以使用，但却不能满足他的研究需要。因此，我就把一个没有什么用处的角落辟作“实验角”。地方虽然狭小，但却可以想用就用，不受约束。我从这件事中悟出了一个道理：一个人在条件不甚满意的情况下，仍是可以想法改善条件，心情愉快地工作。这一时期，皮埃尔忙于晶体研究，而我则在研究钢的磁性。1897 年，我的这一研究结束当年就发表了研究报告。

这一年，我们爱情的结晶——女儿艾莱娜出生了，这使得我们的生活发生了很大的变化。几个星期之后，皮埃尔的母亲去世了。我们便在巴黎郊区租了一个带花园的屋子，把他的父亲接过来与我们同住。在皮埃尔生前，我们同他父亲一直生活在一起。

女儿出生了，严重的问题也随之而来：怎样既能哺育照料女儿又不放弃科学研究呢？放弃科学研究，对我来说，不啻是一种巨大的痛苦，皮埃尔也觉得我不应该放弃研究，而且他从来就没有这么想过。他经常在说，上帝特为他造就了我这么个好妻子，就是要让我与他分享一切。我们俩谁都没有考虑放弃我们如此珍爱的科学研究工作。

这么一来，我们就不得不雇一个女佣了，但我仍旧亲自照料女儿的一切琐事。当我去实验室干活儿时，女儿就交给她的祖父照看。爷爷非常疼爱自己的孙女，好在有了小孙女，他的生活也增添了无尽的欢乐。家人之间的相互关怀、体谅，使我得以安心地从事研究，而且也没耽误对女儿的照料。只有遇到特殊情况，譬如女儿生病什么的，我才得整宿整宿地照看她，生活规律也就随之被打乱了。

由于我们如此以事业为重，不愿意受到不相干的事情的打扰，所以我们交往的朋友为数甚少。偶尔有一两位与我们比较熟识的科学家到访，我们也就是在客厅或花园里交谈，而且我还一边为女儿缝缝补补什么的。在亲戚方面，只有皮埃尔的哥哥与我们一直来往密切，至于我娘家的亲戚，因为离得太远，所以来往不多。我的姐姐、姐夫这时已回到波兰创业去了。

正是这种平静而完全符合我们心愿的生活方式才使得我们能够完成一生中的伟大事业。这种科学研究事业始于 1897 年，从未中断过。

我决定要做博士论文了。当时，亨利·贝克莱尔正在从事稀有金属铀盐的实验。这是一种非常有意思的实验，引起了我的关注。当贝克莱尔把铀盐用不透光的黑纸密封之后放在照相底片上，便发现底片会被感光，仿佛受到日光照射过似的。贝克莱尔认为，底片之所以被感光，是因为铀盐能放射出一种射线，而这种射线又与日光有所不同，它能穿透不透光的黑纸。此外，贝克莱尔还通过实验证明这种射线能够使得验电器放电。一开始，贝克莱尔错以为铀盐射线的产生是因为铀盐曾经在日光下暴晒造成的，但他后来发现铀盐在黑暗中存放几个月之后，仍旧可以放出这种新发现的射线。

皮埃尔和我都对这种新发现的射线表现出极大兴趣，并决心对它的性质加以研究。如果想研究这种新射线，首先得对它做精确的定量测量。于是我便利用验电器放电的特性进行测量，不过我没有像贝克莱尔那样使用一般的验电器，而是用了一种能做出定量测量的设备。我当初用来测量的这些设备的模型，现已陈列在美国费城医学院。

不久，我们便获得了有趣的结果。我们的实验结果证明，这种射线的放射实际上是铀元素的原子特性之一，而与铀盐的物理和化学性质无关。任何铀盐，所含铀元素越多，它放出的射线也就越强。

我于是又想进一步地弄清楚，是不是还有其他的元素也能像铀盐一样放射出同样的射线。很快我便发现，钍元素也具有同样的特性。正当准备对铀和钍的放射性做进一步研究的时候，我又发现了一个有意思的新情况。

我曾有机会用放射性方法检验过一定数量的矿石。如果这些矿石能够产生相同的射线的话，那就可以确定它们含有铀或钍。如果这些矿石的放射强度与矿石所含的铀或钍的成分成正比的话，那就没什么可以惊诧的了。但事实上却大不一样，有些矿石放出的放射性强度是铀的三四倍。我对这一新发现进行了仔细的核查，最后认定这是毋庸置疑的事实。我对这一现象进行了认真的分析，得出的只有一种解释：在这种矿石中含有一种未知的元素，其放射性远远超过铀和钍。皮埃尔对我的分析表示赞同，于是我便希望能够尽快发现这一未知的元素。我深信，只要我和皮埃尔齐心协力，就一定能够获得成功。但是，随着研究的深入，我们已经走上了一条通向新科学之路，这是我们开始时所没有预料到的，而且，我从此就再也没有离开过这条新的科学之路。

一开始，我并没有指望这种矿石含有较多数量的新元素，因为它早就被人再三地研究分析过了。我最初的估计是，这种矿石的新元素的含量超不过百万分之一。随着研究的不断深入，我们发现我的这种估计还是太高，真实的含量要大大地小于百万分之一。这就更加说明这种新元素的放射性极强。假若一开始我们就知道这种元素含量微乎其微的话，真不知道自己还是否有决心有勇气坚持下去，因为我们的设备很差，经费又不足。现在回想起来，幸亏不知道难度会这么大，所以决心才很大，真正干起来之后，尽管发现困难重重，但研究的成果却在不断地显现，所以劲头儿也就大增，不去想那些困难了。经过几年的勤奋刻苦的努力之后，我们终于把这种新元素分离出来了，它就是今天人人皆知的镭。现在我把我们的研究和发现它的情况简略地介绍一下。

困难吓倒的往往只是惧怕它的人。如果我们无所畏惧，坚定地向目标一步步前进，那么最终我们一定会有所收获。

开始研究时，我们并不了解这种未知的元素的任何化学性质，只是知道它的放射性极强，于是我们就紧紧抓住这条唯一的线索不放，穷追不舍。第一步就是设法从圣约阿希姆斯塔尔运来铀沥青矿，对它进行分析研究。除利用常用的化学分析方法以外，我们还用皮埃尔发明的精密计电器，精确地测量不同部位的放射性。这种方法今天已成为一种新的化学分析法的基础。后来，这一分析法被逐渐地加以改进完善，为许多人所采用，而且他们因此也发现了其他几种放射性元素。

干了没几个星期，我们便深信我们的预测是正确的，因为那个未知的新元素的放射性在有规律地增强。又过了几个月，我们便从铀沥青中分离出一种与铋混合在一起的元素，其放射性大大超过铀元素，这种新元素具有明确的化学性质。1898年7月，我们宣布了这种新元素的存在，并命名它为钋，以怀念我的祖国波兰（钋原文名 Polonium，与法语中“波兰”一词的拼写“Pologne”近似）。

在发现钋的同时，我们还发现从铀沥青矿里分离出来的钡盐（所有阳离子为钡离子的盐类总称。常见的钡盐有硫酸钡、硝酸钡、氯化钡、碳酸钡、氰化钡等）中含有另一种未知的元素。我们随即又紧张地工作了几个月，终于分离出来第二种新元素，我们后来才知道它比钋更为重要。1898年12月，我们宣布了这一发现，命名这种新元素为镭。

尽管我们确信我们已经发现了这两种新的元素，但仍然有许多实际的工作需要我们去做。因为我们只是利用放射性的特性从铋盐和钡盐中发现了含量微乎其微的新元素，现在得把它们以纯元素的形式分离出来。我们立即投入到这一工作中去。

但是，这项工作并不容易，因为我们的设备条件太差，而且还得需要有大量的原矿来进行化学分析。我们既没钱购买这些原矿，也没有实验室来做分析实验，更没有助手相帮。我们得白手起家，从头干起，如果说我姐夫认为我在巴黎的早期学习时期是我一生中的英勇顽强的时期的话，那么我敢毫不夸张地说，我与皮埃尔一起从事这项研究的时期则是我俩共同生活中的最伟大最英勇的时期。

从先前的实验中我们相信，在圣约阿希姆斯塔尔炼铀厂冶炼后的铀沥青矿废渣里，一定含有镭元素。该工厂属奥地利管辖，我们设法获准无偿地得到这些废渣。废渣倒并不值钱，但要把它们弄到巴黎却是件令人大伤脑筋的事情。几经周折，我们成功地用袋子装着这些混有松针的褐色废渣，把它们运到我们的实验室的门前，那一刻，我真的是高兴得跳了起来。后来，得知这一袋袋的废渣的放射性比原矿还要强，我们更是惊诧不已。这些废渣原是堆放在工厂外面的松树林里的，没有经过任何处理，对我们来说，真是老天有眼，帮了大忙了。后来，奥地利政府应维也纳科学院的要求，又允许我们以极低的价格购买了好几吨这种废渣。我们从实验室里分离出来的镭，利用的全是这些废渣。后来，我收到的那位美国女友人赠送的镭是从其他矿石提炼出来的。

物理和化学学校并未为我们提供合适的实验场地，但幸运的是校长准许我们使用先前作为解剖教学用房的一间废弃的木棚。木棚顶上有一个很大的玻璃天窗，只不过有多处裂痕，一下雨就会漏水。棚内夏天闷热潮湿，冬天阴冷难忍。虽然可以生炉子取暖，但也只是火炉旁边有那么点热气而已。此外，我们还得自己掏钱购置一切必备的仪器装置。木棚里只有一张破旧的松木桌和几个炉台、汽灯。做化学实验时，常会产生有毒气体，刺鼻呛人，我们不得不把这种实验移到院子里去做，就这样，仍旧有毒气进到棚内来。我们就是在如此恶劣的条件之下，拼命地干着。

尽管如此，我们却觉得在这个极其简陋的木棚中，度过了我们一生中最美好、最快乐的时光。有时候，实验不能中断，我们便在木棚里随便做点什么当作午餐，充充饥而已。有的时候，我得用一根与我体重不相上下的大铁棒去搅动沸腾着的沥青铀矿。傍晚时分，工作结束时，我已像是散了架似的，连话都懒得说了。还有的时候，我又得研究精密的结晶。进行分离，必须待在灰尘四起的室内。灰尘会影响浓缩镭的程序，难以保存好分离出来的东西，让我苦恼至极。唯一让我觉得满意的是，没有人前来打扰，我们可以安安静静地做我们的实验。实验做得很顺利，眼看即将获得令人满意的结果时，我们会激动不已，说不尽的欢欣鼓舞。但有的时候，干了半天却不见成效，沮丧失望的心情也在困扰着我们。不过，这种情况持续不了一会儿，我们就又去考虑新的设想、新的工作了。工作间歇，我俩便一边在木棚中踱来踱去，一边冷静地思考、讨论正在做的实验，那种喜悦心情也是难以表述的。

有时候，我们夜晚也跑到木棚里去，这也是令我们高兴的事。我们可以在玻璃瓶或玻璃管里看到我们提炼、分离出来的宝贝在向四周散发出淡淡的光彩，真是美丽动人，令我们既欣喜又激动。那闪烁着的奇光异彩，宛如神话中的神灯的光芒。

几个月的时间里，除了短暂的假期之外，我们从未中断过实验研究。我们的研究越来越明显地表明，我们正一步一步地走向成功，因此，我们的信心也就越来越大了。后来，我们的研究工作日益受到人们的关注。我们不仅可以购买到更多的废渣，而且还可以在工厂里进行初步的提炼，这就大大地方便了我们，使我们有更多的时间去做精确的分离工作。

到了这一阶段，我就专门提炼纯净的镭，而皮埃尔则专心研究新元素散发出来的射线的物理性质。直到我们处理完一吨的铀沥青矿渣之后，确定的结果才得出来：在含镭最丰富的矿石中，一吨原矿石所含的镭尚不足几分克。

最后，我们分离出来的物质终于显示出元素应具有的性质来。这种元素具有与其他元素极为不同的光谱。我们还能确定出它的原子量的值远远大于钡。我们是 1902 年获得这些结果的。当时，我们提炼出来一分克的极其纯净的氯化镭。就这样，确定镭为一种独立元素的必要证据就完全掌握了。这一工作花费了我们四年的时间，说实在的，如果设备齐全、资金充足的话，也许一年足矣。我们孜孜不倦地求得的结果，奠定了放射性这门新的学科的基础。

几年后，我又提炼出几分克绝对纯净的镭盐，并更加精确地测定出了它的原子量。这之后，我还提炼出了纯金属镭元素本身。不过，1902 年仍旧是镭的发现及其性质正式确定的年份。

在这几年中，我们夫妇两人把全部心血都用在了研究工作之中，同时，我们的社会地位也发生了变化。1900 年，日内瓦大学意欲聘任皮埃尔为教授，但就在这个时候，巴黎大学却聘他为该校的副教授，而我被聘为位于塞弗尔的女子高等师范学校的教授，所以我们没有前去日内瓦，而是选择留在巴黎。

我在女子高等师范学校工作得非常开心，我想方设法让学生们到实验室去实际实验，以提高她们的动手能力。这所学校的学生都是二十岁上下的女生，都是经过严格的考试才被录取的，入学之后，不努力学习很难通过考试，只有取得了优异成绩方能成为中学的老师。进入该校的学生个个勤奋好学，作为老师的我当然也乐意尽自己的能力去教好她们的物理。

但是，自我们的发现公布之日起，我们的知名度日见高涨，以致实验室的宁静被扰乱了，渐渐地，我们的研究工作受到了干扰。

1903年，我完成了自己的博士论文，并获得了博士学位。这一年的年末，我和皮埃尔以及贝克莱尔因发现放射性和放射性元素而共同获得诺贝尔物理学奖。获奖之后，报纸杂志大加颂扬，致使我们有好长一段时间没法安心工作，每天都有人登门造访，有的请我们去做报告，有的则向我们约稿。

获得诺贝尔奖是一个很大的殊荣，而且，奖金数额很高，这对我们今后的研究工作大有裨益。美中不足的是，我们已是精疲力竭，两个人往往总有一个体力不支，以致我们都未能在当年前往斯德哥尔摩去领奖并发表演说。一直到1905年，我们才到瑞典首都去，由皮埃尔做了接受诺贝尔奖的答词。在那里，我们受到瑞典人民的热情欢迎与接待。

我们在极其恶劣的条件下工作，导致身心疲惫。可现在，由于获奖后，报纸杂志大加颂扬，探访者不断，我们更疲于应付，不胜其烦。我们所喜爱的平静、有规律的生活被完全打破了，工作和生活都受到了影响。我已经说过，我们必须不受外界的任何干扰，才能继续正常的家庭生活和科学研究工作。前来探访的人虽说是用心很好，但却不知这样会给我们造成什么样的后果。

1904年，我们的第二个女儿艾娃·德尼斯出生了，我只好暂时停止做实验研究。这一年，由于荣获诺贝尔奖，再加上社会上的一片赞扬之声，巴黎大学终于聘任皮埃尔担任新开设的一个讲座的教授，同时还专为他弄了一个实验室，委任我为实验室主任。这个实验室并不是新修建的，而是把原先空置的房间腾出来让我们使用而已。

1906年，正当我们准备告别我们已使用多年并给我们以无限欢乐的那座木棚时，一场飞来横祸降临在我们的头上。我的皮埃尔被夺走了，留下我一个人带着孩子并继续我俩的共同事业。这场灾难使我失去了我人生旅途上最亲密的伴侣和最好的朋友，其严重影响我真的无法用言语加以表述。

这一沉重打击让我的精神处于崩溃状态，觉得自己完全丧失了面对未来的勇气与精力，但是，皮埃尔的那句话始终铭刻在我的心中，我永远也不会忘记："即使我不在了，你也必须继续干下去。"

皮埃尔的不幸去世正值他的名字和成就为公众所了解和认知的时候，所以在社会上，尤其是在科学界，大家都扼腕叹息，无不认为这是国家的一个巨大的损失。因此，巴黎科学教育界决定让我接任皮埃尔担任一年半的讲座教席。这可以说是破天荒的决定，因为在过去，这种教席尚无一个女性担任过。巴黎大学做出的这一决定，的确让我感到无上的光荣，使我得以继续进行原来的研究，不然的话，我很可能不得不放弃。我本未有获此殊荣的念头，我除了一心想着为科学事业奋斗终生之外，没有任何的野心与奢望。在这种悲痛难忍的情形之下，让我担任这一教席，不禁使我悲从中来。我在担心自己是否能承担起这一重任。犹豫再三，我觉得至少应该试一试看。于是，自1906年秋天起，我以副教授的资格开始在巴黎大学讲课。两年后，我被聘为正教授。

失去了皮埃尔之后，我生活上的困难不免大大增加。以前是我和皮埃尔两人共同承担的事情，现在只好由我独自去承担了。我必须亲自抚养两个女儿。皮埃尔的父亲仍然住在我那里，他主动提出与我共同承担家庭的重任。他很高兴能帮着照料两个孙女，丧子之痛后，两个孙女是他唯一的慰藉和欢乐。在他的帮助下，两个女儿才得以享受到家庭的欢乐。我们心中的隐痛绝不在孩子们面前流露出来，毕竟她们年龄太小，不能让她们过早地去品尝人生的酸楚悲痛。皮埃尔的父亲喜欢乡间生活，所以我们便在苏城租了一所带花园的屋子，离巴黎城里只有半小时的路程。

乡间生活确实好处多多，不仅我公公可以在此安度晚年，两个女儿也可以经常去空旷的田野间玩耍。我白天要上班，经常不在家，只好请了一个保姆。开始请的是我的一个表亲，后来又换了一个挺厚道的女子，后者曾带大过我姐姐的一个女儿。两位保姆都是波兰人，所以我的两个女儿都会说波兰话。我的波兰亲属们也不时地来看望我，安慰我，通常我都让他们假期来，设法在法国海滨相会，有一次我还和他们在波兰山区待了一段日子。

1910 年，我敬爱的公公久病不治而去世，我真的是伤心悲痛了很长一段时间。在他卧病在床期间，我尽可能地抽出时间守在病榻旁陪护他，听他讲述往事。大女儿当时已十二岁了，对爷爷的逝世尤为悲痛，她已懂得有爷爷的关爱是多么的重要，她无法忘却往日祖孙在一起的幸福时光。

苏城没有什么好的学校。小女儿年岁尚小，她需要的是有利于身心健康的生活环境，譬如户外游戏、散步、入门教育什么的。她已经显示出活泼、聪颖的个性特点，尤其喜爱音乐。她姐姐有点像父亲，不怎么活泼，智力上反应也较为迟钝，但很明显的地方是理解问题和推论的能力很强，似乎会像皮埃尔和我一样，适合搞科学研究。但我并不想让她进中学念书，我总感觉到中学的课程太多，上课时间太长，并不利于青少年的成长发育。

我认为对孩子的教育应该顺应其身心的健康发育、成长的需要。另外，还应该让孩子们更多地学习文艺知识。可是，在大多数学校里，过多的时间用在了读写和练习上，家庭作业也不少，压得学生喘不过气来。而且，这些学校设置的大部分理科课程与实践相脱节。

大学圈中有一些朋友同意我的观点。于是我们便组织了一个互助合作小组，共同负责对我们的子女进行一种新型的教育。我们每人各负责一门指定的课程。虽然大家工作都很忙，再加上孩子们的年龄大小不一，但我们的热情不减，对这项教育改革的实验兴趣很浓。我们在不多的课时里，把理科和文科的课程有机地结合起来，效果颇佳；而且所有的理科课程都配合着做实验，孩子们对此也很有兴趣。

我们这么干了两年，大多数孩子都有所收获，有所长进，尤其是我的艾莱娜。经过这种学习之后，她竟能插进巴黎一所中学的高年级班，而且未遇太大的困难，各门功课均通过了考试，最后以低于一般学生的年纪进入巴黎大学，学习理科专业。二女儿艾娃没有获得我们的这种新模式的教育，但后来也进了一所学院。她一开始只是选修部分课程，后来才转成正式学生，学习全部课程，学习成绩尚可，我还比较满意。

我对两个孩子的体育锻炼很上心，除了户外的散步以外，我还很重视她们的体操等其他运动。在法国，对女孩子这方面的教育往往不够重视。我要求两个女儿每天都得做柔软体操，还经常带着她们去山里和海边度假，所以她俩都会游泳、划船。至于远足或骑车远游，对她们来说更不在话下。

当然，我的大部分时间仍然是用于科学研究，只是兼顾着对她俩的照料而已。有些人，尤其是女人，往往会问我是怎么把这两者处理得如此好的。确实，这并非容易做到的事，必须要有坚韧不拔的精神，并且还要做出一定的牺牲。我与两个已长大成人的女儿一直感情甚好，相处甚佳。家庭生活中，重要的是相互体谅，彼此尊重，否则彼此之间是不可能感到愉快，自己也不可能精力充沛的。我们母女之间从来不说一句伤人的话，从来不做一件自私自利的事。

相互理解，彼此尊重，这不仅在家庭生活中适用，在一切团体活动中也都适用。坚持互相理解和尊重，就会发现人与人之间的相处并非难事，我们也能从中体会到团结合作的乐趣。

1906年，在我接替皮埃尔在巴黎大学的教席时，我只有一间勉勉强强可以工作的实验室，不仅狭小，而且设备也不齐全。皮埃尔在世时，有一些科学家和学生帮助他一起工作，我接任后，因得到他们的鼎力相助，才得以继续研究下去，而且也获得了令人满意的成果。

1907年，我获得安德鲁·卡内基先生（企业家、慈善家，被称为美国“钢铁大王”，生前几乎把所有财富都捐献给了社会）的宝贵的友好赞助。他赠予我的实验室一笔奖金，作为研究之用。这种赞助很有价值，可以使那些有志于科学研究并且具备研究才能的研究者完成自己的心愿，不致中断研究。为了科学研究事业，社会贤达、有识之士应该多多地设置这种奖金。

当时，我的奋斗方向是竭尽全力提炼出几分克极其纯净的氯化镭来。1907年，我已测出了镭元素的原子量，到1910年，我终于提炼出了纯净的金属镭。这种提炼和测定过程非常精密，需要特别细心。在一位著名化学家的大力帮助之下，我才获得了成功。成功之后，我没有再去重复这一实验，因为这种实验过程有丧失镭元素的可能，只有极其小心极其谨慎地操作才可能避免镭元素的丧失。这次成功使我终于见到了这神奇而美妙的白色金属镭。但我不能把它保持在这种美妙的观赏状态，因为许多实验在等着使用它。

钋元素，我却一直未能将它提炼、分离出来。原因是，在原矿中它的含量比镭还要少。不过，我的实验室里有一些含钋量很丰富的物质，可以用来做各种重要的实验。其中，尤以钋放射时产生的氦气对实验来说最为重要。

我还专门花了一番心思把实验室里的各种测量方法做了很好的改造。我说过，镭之所以能被我们发现，是精密的测量在其中起了极其重要的作用。因此，我想进一步提高测量精密度的方法，这样才有可能获得其他一些新的发现。

我想出了一个非常有效的方法，用镭产生的镭射气来测定镭的数量。我们立即采用了这一方法，结果测出一毫克的千分之一左右的极微量的镭，而且测量得十分准确。对于数量比较多的，我们就使用镭射线中具有较强穿透力的 γ 射线加以测量。我的实验室中就有这种设备，利用这种射线测量镭的数量比用天平来测量更加快速又精确。不过，要用这种新的方法，首先得有一个经过缜密推论确定的新标准。对镭的测量方法必须建立在可靠的基础上，这样才能作为实验和科学研究的标准加以使用。除此目的以外，还有一个更加重要且紧迫的原因：镭在现代医学中的应用日益迫切，所以如何控制其使用量以及射线的纯净程度都是必须解决的大事。

在法国，就镭对生物所造成的种种影响曾经做过初步实验，效果不错。实验时所使用的镭就是我的实验室提供的。那时，皮埃尔还在，实验的结果令大家兴奋不已，因此，一个崭新的医疗分支——镭疗法（在法国被称为“居里疗法”）首先在法国诞生了，随后其他国家也普遍地使用起来。由于镭的需求量与日俱增，制镭工业也相应地迅速发展起来。第一家工厂在法国率先建起，而且成功地发展起来。随后，其他国家也相继建起了制镭工厂，其中最大的一家目前建在美国，因为美国蕴藏着含镭丰富的钒钾铀矿，这种矿提炼镭相对来说比较容易。由于制镭工业的发展，镭治疗技术也随之得到了相应的发展。这种治疗方法对某些疾病具有特殊的疗效，尤其是在癌症治疗方面。鉴于此，在不少大的城市里，一些专以这种方法治病的专科医院应运而生，有一些医院甚至存有数克的镭。镭的售价高达每克七万美元，因为原矿中含镭的成分微乎其微，因此提炼的成本就高，售价自然也就低不了。

我们的这一发现对社会有这么大的用处，不仅在科学上非常重要，而且可以治疗可怕的疾病，这是我们当初所没有料到的。读者们一定会体会到我此时此刻欣慰、激动的心情。这是皮埃尔和我多年来辛苦拼搏所获得的回报，是无可比拟的回报。

若想让镭治疗获得成功，必须在用量上准确无误。因此，镭的度量在工业上、医药上、科研上都是至关重要的。

鉴于此，各国的科学家组成了一个委员会，全体成员一致同意制定一个国际标准，共同遵循。制定这一标准的方法是，先用极其精确的方法测定若干极纯净的镭盐，用它作为基本标准，然后再把若干纯净的镭盐的放射性与基本标准作一比对，作为副标准，以便各国加以使用。我受命于该委员会，负责制定这个基本标准。

这个工作极其精密细致，绝对不能有半点马虎。由于重量极轻，大约只有二十七毫克的氯化镭，称量时必须准确又准确。1911年，我成功地制定出这个基本标准。这个基本标准是一个长数厘米的玻璃管，里面装有以前用来测定镭原子量的纯净镭盐，经委员会批准之后，存放在巴黎附近的塞弗尔国际度量衡标准局。委员会还利用该基本标准制备了几个副标准，并已投入使用。在法国各地，但凡存有镭的玻璃管的，其标准的鉴定都是由我的实验室来完成的，鉴定的方法就是测量它们的辐射强度。谁都可以带上他的镭来我们这儿测量、鉴定。在美国，这种事是由标准局负责的。

1910年，我被提名授予法国荣誉骑士勋章。以前也曾有过同样的提名，是授予皮埃尔的，但他反对接受任何荣誉，所以没有接受。我的行为准则与皮埃尔的完全一致，因此在这件事上我也不想违背皮埃尔的意愿，尽管内政部多次劝诫，一再要求，但我仍旧拒不接受授勋。与此同时，好几位同事说服我申请成为巴黎科学院院士。皮埃尔去世前几个月被选为院士，因此我对是否也申请成为院士，颇为踌躇。按照科学院的章程，如果要申请成为院士的话，必须挨个地拜访在巴黎的所有院士，这让我感到极不情愿；但是，如果被选为院士的话，我的实验室就会获得资助。这么一想，我就硬着头皮决心参加院士的竞选。我的这一举动又引起了社会公众的热切关注。

大家就科学院是否应该接纳女院士而展开了激烈的辩论，一些老的院士坚决反对接纳女性。最后，通过投票，我以数票之差落选。这之后，我就不再去申请了。因为最让我头疼、厌恶的就是要挨个地求人帮忙。我心想，这种选举本应按申请人的业绩来衡量，根本不应自己奔走，私下交易。譬如有一些协会和学会，我自己并未提出任何申请，就主动地把我选为会员了。

1911年年末，种种费心劳神的事情堆在一起，弄得我不胜其烦，心力交瘁，终于病倒了，而且病得不轻。但就在这个时候，诺贝尔奖又一次光顾了我，而且是授予我一个人的。对于我来说，这确确实实是一个极大的殊荣，尤其是对我所发现的元素和提炼、分离出镭的极大的褒奖。当时，我虽然人在病中，但仍然决定亲赴斯德哥尔摩去领奖。我是由大姐和女儿艾莱娜陪着去的。颁奖仪式极其隆重，与接待国家元首的气派难分伯仲，这让我激动不已。我在斯德哥尔摩受到了热烈欢迎，尤其是瑞典妇女界，其热情更是让人感动。由于疾患未愈，加上来去的鞍马劳顿，等我返回法国时，竟一连卧床数月。由于病情严重，而且为两个女儿的教育考虑，我只好举家从苏城搬到巴黎市内居住了。

1912年，我与几个人合作，在华沙建起了一个镭实验室。这是华沙科学院下属的一个实验室，我被聘任为主任，参与指导。当时，我身体欠佳，没有离开法国回到波兰，但我非常乐意尽自己之所能指导该实验室的研究工作。时间到了1913年，我的健康状况略有好转，便立即回到波兰参加该实验室的揭幕庆典。祖国人民对我的热烈欢迎令我激动不已。我深切地体会到，波兰人民在如此艰难的环境中还能以巨大的爱国主义热情，创立有利于祖国的事业，实在是了不起。我永远也不会忘记祖国人民的这种伟大精神。

我的病患只是部分地好转时，便已经按捺不住地四处奔走，努力要在巴黎筹建一个更合适一些的实验室。功夫不负有心人，我的努力终于见到了成果。我理想中的实验室终于在1912年破土动工。巴斯德研究院表示了与新创建的实验室合作的意愿，后经巴黎大学同意，成立了一个镭研究所（以下简称镭研所——译者注），包括两个实验室：一个是物理实验室，专门研究放射性元素的物理化学特性；另一个是生物实验室，专门研究放射性在生物和医学上的应用。但是，由于经费不足，施工进度很慢，直到1914年第一次世界大战爆发时，实验室尚未竣工。

Ⅲ

导读

在居里夫人筹建镭研所的时候，第一次世界大战爆发。为了救援战场上的伤病员，居里夫人耗费了极大的心血。战事结束后，赴美访问的她有了新的担忧。

1914年暑假期间，如往年一样，两个女儿由她们的家庭教师领着，在我之前先离开了巴黎，在布列塔尼海滨度假屋住下了。我对这位家庭教师十分信赖，由她领着我的女儿我一百个放心。我的同事中还有几位家属也与她们住在一起，我因为工作太忙，很少能与她们一起度过整个假期。

我原打算七月底便去海边与女儿们会合，但是坏消息不断传来，说很快就会有紧急的军事行动，所以我没有去成布列塔尼。在这种紧张的状态之下，我离开巴黎显然是很不合适的，我得留下来静观事态的发展。不久，总动员令颁布了。随即，8月1日，德国对法国宣战。除了我和一位患有严重心脏病的技师以外，实验室的工作人员全都应征入伍了。

接下来的历史性事件是大家都知道的。但是，1914 年的八九月份，只有留在巴黎的人才能够真正地体会到首都人民的心怀。他们表现出的是一种临危不惧的英勇气概。总动员令很快就传遍法国各地，每一个法国人都勇敢地、争先恐后地要奔赴前线，去捍卫自己的伟大祖国。在此期间，我每天最急盼的就是前线传来的消息。一开始，传回来的消息变幻莫测，令人摸不着头脑，后来传回来的消息就让人感到事态发展越来越严峻了。首先，小国比利时的军民虽然浴血奋战，但却未能阻止德国军队，比利时被德国的铁蹄蹂躏了。随即，德军进入乌瓦兹峡谷，直逼巴黎。不久，便传言法国政府将南迁波尔多，许多巴黎市民也随政府纷纷南下，他们多半是不愿也不敢去面对德军侵占巴黎后所存在的危险。有钱人家纷纷乘火车逃出巴黎，去往外省乡下避难。火车全都挤得满满当当，人挨人，人贴人，难上难下。不过，总体而言，在这灾难性的 1914 年，巴黎市民所显现的那种镇定、平静、坚毅的态度还是给我留下了难以磨灭的印象。8 月底至 9 月初的这几天，天气忽然变得风和日丽，不冷不热，十分怡人。在蔚蓝如洗的天空下，首都的那些历史性建筑物全都显得更加的巍峨挺拔，岿然不动，使人感到从未有过的弥足珍贵。

德军日益迫近巴黎，情况十分危急，为了以防万一，我想方设法把我实验室所贮存的镭存放到安全的地方去。受政府指令，我把这些镭护送到波尔多，但我不愿意留在那儿，所以决定送到之后，便立即从波尔多返回巴黎。我乘坐的是运送政府工作人员和行李物品的专列。一路上，从车窗向外望去，只见沿途公路上逃难的人混乱不堪。步行的，乘车的，纷纷在夺路而逃，全都盼着尽快地远离巴黎，找到一个避难之所。

我于傍晚抵达波尔多。我携带的用铅皮保护镭的箱子实在是太沉了，根本就提不动，只好在站台上等候来接我的人。久等不来，我急得如热锅上的蚂蚁，幸好与我同车来波尔多的一位政府工作人员见无人接我，就帮我先把箱子搬到一户人家，请他们腾出一间房间让我度过这个晚上（因为旅馆全都爆满，根本订不上房间）。翌日清晨，我觅得一处可靠的处所，把箱子妥善藏好，又办了一应的繁杂的存放手续，然后转乘军列返回巴黎。在波尔多，我曾找过一些当地人聊天，而他们也急切地想从我这个从巴黎来的人嘴里打听到确切的消息。当他们得知我在这种时候还要返回巴黎时，无不感到既惊讶又感佩，让我啼笑皆非。

在返回巴黎时，列车走走停停，有时在途中受阻，一停就是几个小时，真让人心急如焚。同车的军人都带着干粮，可我却毫无准备，看我饿得不行，他们便分给我些许面包，聊以充饥。当我总算回到巴黎时，听说德军已经改变了进攻方向，马恩河战役已经打响了。

在这次大的战役期间，我和巴黎居民一样，时而为胜利在望而欢欣鼓舞，时而又觉得失败在即而感到忧愁沮丧。最让我担心的是，如果德国人占领了巴黎，我将与自己的女儿天各一方，长久不能相见。尽管忧心忡忡，但我仍然决定忠于职守，决不离开巴黎。

当马恩河战役以法军的胜利而告终时，巴黎被攻陷的危险也随之解除。于是，我便叫女儿们从布列塔尼返回巴黎，继续上学。许多巴黎居民认为住在外省，远离巴黎较为安全，所以并不急于回到巴黎来。但我的两个女儿却毅然决然地回到了我的身边，因为她们既不愿意与我分隔两地，又不愿意中断学业。

国家处于危难之中，每个人都应尽可能地为自己的国家分忧解难。政府对大学教职员并没有任何的硬性规定，但大家都积极主动地行动起来，我也按照自己的专长，利用自己所掌握的知识，想方设法地为国家贡献自己的力量。

1914 年，战场的情况瞬息万变，从中暴露出法国对这场战争并未做好充分的准备，尤其在救护伤员方面，组织管理工作跟不上，引起舆论一片哗然。我十分关心这方面的工作，很快便感到自己很适合去干救护工作，而且说干就干。从这时起直到战争结束，我的大部分时间和精力都投入到这项工作中去了。具体地说，我的工作是为军队医院组织 X 射线检查和组建医疗队。此外，我还不得不把自己的实验室迁到镭研所的新楼里去，并且尽可能地给学生们讲课。与此同时，我还经常研究和考察与军事相关的各种事情。

人人皆知，X 射线对内科和外科医生检查病情有极大的帮助。尤其是在战争期间，可以用它来检查、确定弹片嵌入体内的确切部位，便于医生开刀取出来。而且，它还可以显示出骨骼和体内器官损伤的情况，医生因此也就可以知道内伤恢复得如何。战争期间，这种设备挽救了无数伤员的生命，缩短了他们的康复时间，同时也使得不少人减轻了痛苦以及免于落下终身残疾。

战争一开始，军队中所有的医疗部门都没有X射线治疗设备，也没有这方面的技师。即使是地方医院，X射线治疗设备也很少见，只有几所大医院才有，但X射线技师却寥寥无几。战争爆发后，法国各地纷纷组建医院，但都没有这种设备。

为了解决设备与技师缺乏的难题，我便立即先把各实验室和贮藏室所有的X射线设备集中起来，于1914年八九月间建起了几个X射线医疗站，并由我训练过的志愿者来操作它们。在马恩河战役中，这几个医疗站起了很大的作用。不过，由于设备和人手的不足，无法满足全巴黎所有医院的需要。后来，在红十字会的协助下，我设计并装备了一辆流动X光透视车，是用一辆普通的敞篷车改装的——把一台设备齐全的X光设备和一台发电机固定在车厢里，利用汽车的发动机带动这台发电机发电，以供应X光设备所需要的电力。这辆流动车到处都可以去，只要哪家医院需要，流动车立即就会赶到。尤其对于需要急诊的伤病员和危急病人，而这类伤员又无法转送，这种流动医疗车的作用更大。

正是因为这种流动医疗车的巨大作用，所以它的需求量非常大，而且要求还十分急迫。我获得了一个名为“全国伤病员救护会”的机构的帮助，他们的办事效率又极高，我提出的增加流动X光医疗车的庞大计划得以很快地落实了。我在法国与比利时之间的战区以及在法国的其他一些地区，总共创建和改造了两百多个X射线医疗站，并装备了二十辆流动X光医疗车，以供军队之急需。这些流动车都是各界人士慷慨捐赠的，另外，还有一些有识之士捐赠了整套的X光设备。这些捐赠对抢救伤兵起了很大的作用。

这些私人捐赠的车辆、设备，在战争开始的头两年发挥了很大的效用，因为当时军队中的救护单位很少有X光设备。卫生部看到这些捐赠的设备所起的重要作用之后，便自行大规模地生产起这种设备来。但因军队的需求量太大，民众的这种合作仍旧是不可或缺的。直到战争结束后的几年，这种合作都一直保持着。

假如我没有亲自去各医院和救护站视察，不知他们的需求有多么大多么急迫的话，我也很难切切实实地完成这项工作。在红十字会的帮助下，再加上有卫生部的批示，我得以前往战区和法国各地做了考察，在北部战区和比利时军队驻防区的救护站进行了视察。我去的地方有亚眠、加莱、敦克尔克、弗尔内和波普林格。我还去过凡尔登、南锡、吕纳维尔、贝尔福、贡比涅和维耶柯特莱。在这些远离战区的地方，我还常常在各个救护站帮助他们的工作，因为当地人手紧张，工作又极其繁重。对于我在他们极其困难的情况下所给予的帮助，他们非常感动，还给我写过一些措辞热切的感谢信，这些信我一直珍藏着。

每当救护站的医生请求我予以帮助时，我便亲自驾驶留着自用的装有X光设备的流动车前去驰援。在替伤员们检查之余，我还顺带着了解一下当地急需些什么，返回巴黎之后，想方设法地为他们解决燃眉之急。战区救护站的人多半不会使用X光设备，我不得不挑选一些合适的人给予详细的讲解，培训他们。经过几天的训练，他们算是掌握了操作规程，而伤员们在我培训医务人员的同时也做了必要的检查。一开始，了解X光设备的好处的医生并不多，在我培训之后，他们完全明白了这种设备的妙用，我与他们之间的关系因而更加亲切友好，等我再去那儿工作时，方便得多了。

有几次我驾车去外地救护站时，大女儿艾莱娜陪着我一同前往。她已十七岁了，已经高中毕业，正就读于巴黎大学。她也怀着一颗报国之心，积极地参加战地服务。她学习了看护知识和技术，还学习了X光拍片技术，尽其所能地助我一臂之力。她到过弗尔内和伊普尔之间的战区以及亚眠等地参加救护工作。她工作得很出色，受到过嘉奖，战后还因此而荣获过奖章。

战争期间的救护工作给我和艾莱娜留下了难以磨灭的印象。开车前往各个救护站，一路上会遇到各种各样意想不到的困难，往往无法确切地知晓还能否继续前行，更不知道在何处投宿、吃饭。然而，在我们的坚定的信心面前，加上运气又好，一个个困难全都迎刃而解了。每当开着我那辆X光流动车上路时，总会遇到不少的问题，譬如，得替车子找一个安全的地方停放，替助手们解决吃住的问题，有时还得替车子找各种零配件等，不一而足。当时，很缺司机，但我会开车，所以通常都是我亲自驾车。其实这样反倒更好，虽然人累一些，但可以亲自处理事情，而且仪器设备也可以迅速运到目的地。如果交由卫生部门去处置，必然会耽搁时间，误了大事。所以军事长官对我的及时周到的服务赞不绝口，尤其对我处理紧急情况的能力更是钦佩不已。

我和女儿只要一回忆起奔赴各个救护站时的情景，总有一种愉快激越的兴奋劲头涌上心间。我们与各个医院及救护站的医生护士相处甚好，他们中的女性尤能吃苦耐劳，不怕牺牲，大公无私，我和女儿对她们钦佩不已，常常以她们为榜样，鞭策自己去克服一切困难。正是这种共同的目标和追求，使得我们大家相处得犹如亲朋好友，彼此帮助，顺利地完成种种任务。

当我们在为比利时救护队服务时，比利时阿尔贝国王和伊丽莎白王后经常前来视察，因此他们亲自接见过我几次。国王和王后态度热忱，和蔼可亲，对伤员关切有加，给我留下了极其深刻的印象。

但是，最让我们感动的是伤员们在我们给他们治疗时所表现出来的那种强忍着痛苦不哼一声的坚毅精神。有时候，在挪动他们的身子时引起疼痛，他们也咬紧牙关，不吭一声。每当我们既同情又钦佩地去为他们照透视、拍片子时，都尽可能地又轻又慢，让他们少受点痛苦。相处一段时间之后，彼此间比较熟悉了，我们通过简单的交谈向他们表达我们的敬意。没有做透视的伤员也很想了解这种设备的作用以及对人体的影响，我们就对他们详加讲解。

我们也永远无法忘却战争期间所遇见的摧残人类健康的种种悲惨恐怖的场面，它使我对战争感到无比的憎恨。几年中，我所见到的那些可怖场面无论哪一次都足以让人憎恶战争。当救护车开到前线时，抬到车里的青壮年伤员，血肉模糊，满身污泥，惨不忍睹，令人心碎。重伤员们奄奄一息，命若游丝。即使是伤势并不致命者，也得忍受经年累月的痛苦之后才能逐渐康复。

我感到最头疼的一个问题就是如何找到一个训练有素的助手，帮助我使用 X 光拍片设备。当时，X 光拍片技术十分罕见，所以懂这方面知识的人为数甚少。而如果是对这种仪器设备不熟悉的人使用的话，仪器极容易损坏，使用寿命就很短，很快就会成为一堆废弃物。但战争时期，无可奈何，对多数医院操作这种仪器的人就没法要求他们有太多的医学知识，凡是能够识文断字、心灵手巧的人，稍许再懂点电机知识就可以上岗了。如果是大学教师、工程师或大学生，稍加训练就可以成为合格的X光机操作员。不过，战争期间，只有那些暂时免服兵役者，或者正好在我需要工作的地点长住的人，我才可以聘之为我的助手。可是，即使找到了这样的人，没准儿哪一天又被征去入伍，奔赴前线了，这么一来，我就又得重新寻觅自己的助手了。

鉴于这诸多的不便，我后来就另谋出路，培养一些女性做我的助手。我向卫生部提出建议，在当时刚成立不久的伊迪斯·卡维尔医院的附属卫校增加一个X光照相科。我的建议获得批准，1916年由镭研所负责组织这个科室开始培训。整个战争期间，一共培训了一百五十名女子。她们初入培训队时，一般都只有初级教育的水平，但一个个都非常努力，取得了较好的成绩。学习课程除基础理论和一般的实习以外，还包括给她们讲一些解剖知识。从培训队出去的女子，后来都成了优秀的X光照相技师，多次获得卫生部的赞赏。就她们所学习的课程而言，只能成为医护帮手，不过其中有一些人完全具有独立工作的能力。

战争期间的这番X光照相技术经历使我对这门医疗检查的新技术积累了丰富的知识与经验。我觉得应该把这些知识分享给大家，所以我便写了一本小册子——《放射学与战争》。我写此书的目的是想说明并证实X光照相技术对于医疗实践的重要价值，而且我把它在战争期间所获得的发展与和平时期的用途做了详细的比较和说明。

现在我来谈一下战争期间镭治疗的作用以及镭研所创办时的情况。

1915年，存放在波尔多的镭运回巴黎了。我当时已经没有余暇去搞正式的科学研究，所以便专注于用镭来治疗伤员。当然，我们也有一个原则，在使用镭进行治疗时，必须保证别把这种宝贵的物质用光了。我们使用的并不是镭本身，而是镭的射气。我们把这种射气收集到一定的数量之后，就交给救护单位去使用。进行镭射气治疗多半是在大一些的医院，方法也各有不同，但比直接用镭元素进行治疗更方便更实用。但法国尚无国立的镭疗养院，而各家医院也没有镭射气可供使用。

我向卫生部建议，由镭研所提供装有镭射气的玻璃管，按时供给各救护单位使用。建议获准之后，镭射气服务即于1916年施行，一直持续到战争结束。当时我没有助手，所有的镭射气玻璃管都由我亲自制备，其过程既精确又细致。伤员与平民百姓因使用这种方法治疗而康复的数不胜数。

自巴黎遭空袭时起，卫生部就十分重视对制备这些镭射气玻璃管的实验室的保护，以防止遭到敌机的轰炸。制备镭射气玻璃管就不得不与镭打交道，这是具有一定的危险性的，所以还得想方设法地保护制取人，以防遭受射线的侵害（我有几次感到浑身不舒服，就是因为不小心受到了射线的照射）。

医疗救护虽说是我在战争期间的主要工作，但我还是做了一些其他的事情。

1918年夏天，德国的总攻失败之后，我应意大利政府的邀请，去意大利考察他们放射性矿藏的拥有量。在意大利逗留的一个月期间，我获得了满意的结果，因此而引起意大利政府对这一问题的密切关注。

1915年，我的实验室搬进皮埃尔·居里街新建的大楼里。由于经费与人手不足，搬迁时困难重重。我亲自驾驶着装备着X光照相设备的车子往返于新居旧屋之间，把实验室的仪器像蚂蚁搬家似的搬到新址去。搬完之后，还得把仪器设备分门别类，重新整理布置。只有我的大女儿和技师帮助我，可技师身体不好，老是生病。

搬迁之始，我就非常重视在实验室周围的有限的一点点空地上种树。我一向觉得，在春天和夏天，能经常看见窗外树木葱茏，绿草如茵，能使在实验室里工作的人心情舒畅，平静释然。我把空地上能种树的地方都给种上了菩提树、枫树，还辟出几个花圃，种上了玫瑰花。记得德国人炮轰巴黎的第一天，我去花市买花，回来忙着把它们种在花圃里，忽然有几发炮弹落在了附近，吓了我一大跳，那情景至今也挥之不去。

尽管困难不断，但新实验室总算慢慢地安顿好了。战后，部队士兵开始复员时，我们的实验室基本上准备就绪，所以1919年到1920年开学时，我们可以让学生入学了，我对此尤感欣慰。1919年春季，我在实验室专为美国军人开办了一个特别培训班，艾莱娜为培训班学员进行辅导。这些军人学习非常认真努力。

战争期间，我同其他许许多多的人一样，过着一生中最辛苦最劳累的日子，从未休过假，只是偶尔在探望两个放假的女儿时才休息那么一两天。大女儿艾莱娜几乎不肯歇着，为了保证她的身体健康，我有时不得不强迫她休息几天。当时，她一边在巴黎大学学习，一边还帮我做着各种各样的服务于战争的工作。二女儿艾娃当时还在读高中。巴黎遭受狂轰滥炸时，她们姐妹两人都不肯离开巴黎去乡下躲避。

四年多的大战造成了前所未有的毁灭性的破坏，是人类所经历的一次浩劫。1918 年秋，经各个方面为恢复和平而奔走之后，交战双方终于签订了停战协定。然而，真正的和平至今仍未完全到来。残酷而恐怖的战争终于结束了，法国人民算是松了一口气，但战争所带来的种种严重破坏，并不可能一下子就消除掉。人们仍旧生活在水深火热之中，往日的宁静欢快的心情一时也难以再现。

以无数的生命为代价换来的胜利带给我的一个最大的快慰就是，我的祖国在数百年的奴役、压迫之后，现在终于重见天日，获得了自由和独立。这件我梦寐以求又不敢奢望的大事竟在我有生之年得以亲眼所见，我的激动心情简直难以表达。波兰人民长期处于压迫、奴役之下，但忠于祖国的民族精神、斗争精神始终不灭。在整个欧洲经受着狂风暴雨般的洗礼之时，波兰终于获得了独立、自由，这是波兰人民的胜利和骄傲。波兰人民几百年来所追求的梦想终于得以实现。在这举国欢庆的时刻，我回到了阔别多年的祖国首都——华沙，见到了多年未见的亲朋好友。华沙已经成为新成立的波兰共和国的首都。但经过这么长时期的压迫和奴役，重建一个共和国将会遇到多少困难啊！其他的暂且不论，单是各种政治力量的重新组合就会遇到许许多多难以预料的困难。

法国各地一片废墟，满目疮痍，人口也减少无数。战争遗留下来的困难一时难于解决，只好逐步恢复，进入正常状态。各个实验室，包括我们的镭研所在内，全都难以一时恢复元气。

战争期间所建立的各种X射线医疗组织，有一部分战后依然存在，X射线医学卫校由于卫生部的坚持被保留住了。镭射气的供应工作非但没有中断，反而扩大了供应的规模，不过这项工作战后已经交由巴斯德实验室主任瑞戈博士负责，后来还发展成为全国性的大型镭治疗事业。

战后，职员们和学生们陆续复员回来，我的实验室经过重新组合之后，研究工作也逐步走上正轨，但因国家财政困难，想要寻求理想的发展并非容易的事。就我而言，我觉得最为紧迫的是应建立一个独立的镭疗——在法国称之为“居里疗法”——医院。在巴黎郊区还应该建立一个实验分所，以便对大量的原矿石进行实验分析，增强我们人类对放射性元素的认识。

我已不再年轻，精力也大不如前。我常暗自寻思，尽管政府已经开始进行资助，而且也经常会有一些私人给予捐赠，但我不知道自己能不能为晚辈建起一座镭学研究院，既可以了却皮埃尔·居里的遗愿，又可以达到为人类谋幸福的目的。

幸运的是，1921年，我得到了一个弥足珍贵的帮助。美国的一位慷慨的伟大女性W. B. 梅乐内夫人，在美国发动全国妇女捐款，成立“玛丽·居里基金会”，她们把捐的钱用来买了一克镭送给我作为科学研究之用。梅乐内夫人还邀请我和两个女儿前往美国游览，亲自去接受这个礼物和证书，还邀请美国总统在白宫亲手把礼物与证书交给我。

捐款是在全美国募集的，大家纷纷解囊，有多有少。美国妇女界对我的深情厚谊让我终生难忘。于是，5月初，在巴黎歌剧院举行了欢送我们母女三人赴美的大会，随后我们便乘海轮远渡美国纽约。

在美国逗留期间的一幕幕至今仍历历在目。在白宫举行的欢迎会上，哈定总统（指沃伦·甘梅利尔·哈定，美国第二十九位总统）发表了热情洋溢、亲切诚挚的演讲。随后，在参观各个大学和学院时，热烈欢迎的场面实在让人感动，不少院校还授予我名誉学位，让我真不知道如何感谢才好。在公众集会上，许多人争相与我握手，表示祝贺，这种种的深情厚谊令我没齿难忘。

我还游览了尼亚加拉大瀑布和大峡谷，大自然鬼斧神工的奇迹令我赞叹。

遗憾的是，我身体欠佳，无法实践来时的预定计划，不过，这趟旅行的确让我增长了见识，学到了不少的东西。在这个难得的机会中，我的两个女儿不仅享受到了盛情的款待，而且也增长了不少的知识。见到自己母亲的研究成果受到这样的尊重和赞赏，她们非常自豪。6月底，起程返国的时间到了，与好友梅乐内夫人及其他友人告别时，真是难舍难分，依依惜别，谁都不知道今生今世还能再相见与否。

我回到了研究所，因为有了美国友人相赠的一克镭，不仅研究工作顺利地进行，而且两国人民间的友谊更增添了我们的勇气与信心。话虽如此，要完成预期的重大目标，经济方面的问题依然在困扰着我，我常常感到心有余而力不足。在这种种困难面前，我就想到一个根本的问题：一个科学家对科学发现应该采取什么样的态度。

皮埃尔和我一向都是拒绝从自己的科学发现中获取任何物质利益的。因此，我们立即毫无保留地把提取镭的方法公之于众。我们既没申请专利，也没向利用它来牟利的企业家提出过任何权益方面的要求。提炼、制取镭的方法极其复杂，我们详细地公布了它。可以说，正是由于我们如此迅速而详尽地公布了这种复杂而精细的提炼方法，镭工业才得以迅速地发展起来。直到现在，制镭工业中所运用的方法、程序，都是我们当时所制定的。现在在提炼过程中所采用的矿石处理和部分结晶的程序，也都是我们以前在实验室里所采用的方法。唯一不同的是，现在的仪器设备比我们当时的有所改进。

皮埃尔和我提炼、制取的镭全部赠送给我们的实验室了。由于矿物中镭的含量极少，因此价格也就极其昂贵，加上它又可以用来治疗一些疾患，因此镭工业获利不菲。我们自动放弃从发现中所应得的利益，也就等于放弃了大量财富，否则，我们死后，儿孙们将成为富翁。但我们并没有考虑这些，倒是一些朋友好心好意地提醒我们，让我们有所考虑。他们言之有理地对我说，如果你们保留本该属于你们的权益的话，你们早就有足够的财力创建一座设备精良而齐全的镭研所了，就不会像现在这样举步维艰了。此话不假，我们困难重重，以致无法顺利地进行研究。不过，我仍然坚信皮埃尔与我的行为和决定是完全正确的。

无疑，人类是需要注重自己实际利益的，他们拼命地工作，谋求自身的利益，这与人类的普遍利益是并行不悖的。但是，人类中毕竟也不缺少具有理想主义的人，他们追求大公无私的崇高境界，无心去顾及自身的物质利益。这些追求理想主义的人因为无意于物质享受，因此也就没有物质享受的可能。但是，我觉得一个完善的社会应该为这些理想主义者的研究经费和个人生活提供必要的保证，让他们无忧无虑、无牵无挂地潜心于自己的科学研究事业。

Ⅳ

导读

访美期间，居里夫人受到美国总统的接见，并参观了美国的学校和科研所。美国蓬勃发展的景象引发了她的感慨和深思。

我在上一章中已经提到过我的愉快的美国之行。我是应梅乐内夫人邀请去的。梅乐内夫人是一家有名的大刊物《反光灯》的主编，她用为我募集的义款买了一克镭赠送给我。因此，我应她之邀前往纽约接受这个弥足珍贵的赠品。

这项捐赠的意义在于它是来自美国妇女界。她们先是组成一个募捐委员会，成员都是美国妇女界的知名人士和很有声望的科学家。一开始先募集到几笔大的捐款，然后再号召广大妇女积极捐赠。她们发出的这个号召很快就获得了美国许多妇女团体的响应，各个大学和各家俱乐部更是不甘落后。捐赠者中有一些是通过镭治疗后的康复者。由于捐赠者十分踊跃，很快便募集到十多万美元，然后便用这笔钱买了一克镭，由美国总统哈定在白宫举行仪式，亲手交给了我。

该委员会邀请我们母女三人5月中旬前去美国。尽管尚不到暑假，但是巴黎大学破例批准我接受邀请，前往美国接受赠品。

旅途中的全部事情，邀请者们全都进行了精心的安排，无须我操一点心。梅乐内夫人亲自来法国迎接我，陪我乘坐海轮去美国。法国刊物《我无所不知》4月28日为巴黎镭研所全体工作人员举行庆贺大会，梅乐内夫人也参加了。会上，主办者对美国妇女界的深情厚谊表示了衷心的感谢和高度的赞扬。

委员会为我安排的行程以及各种捐赠仪式多得让我应接不暇。我不仅要出席白宫的捐赠仪式，还要参加好几座城市的大专院校举行的欢迎仪式，仪式上授予我许多的荣誉头衔，其中有不少是来自捐赠单位。

美国人做事雷厉风行，大刀阔斧，举行的仪式场面宏大。而且，美国幅员辽阔，美国人习惯了长途旅行，而我却不习惯这种长途跋涉，他们感觉不到我的不适。不过，一路上，他们倒是对我照顾得无微不至，尽可能地减轻我的舟车劳顿以及欢迎会上的劳累。我在美国不仅受到了热烈的欢迎，而且还结交了一些真诚的朋友，我不知如何感谢他们的厚爱才好。

邮轮驶入纽约港时，我们看到了那雄伟壮丽的码头。大批的学生、女童子军以及波兰人代表立于码头恭候我们。无数的鲜花献给了我们。随后，我们便被接到一处清静的住所歇息。第二天，卡内基夫人在她那豪华寓所设宴为我们接风洗尘。席间，我认识了募捐委员会的一些人。卡内基夫人私邸中陈列着她丈夫安德鲁·卡内基先生的一些遗物。卡内基的慈善事业闻名遐迩，在法国的名声也很大。第三天，我们便前往史密斯学院和瓦萨尔学院参观，从纽约去那儿需好几小时的火车车程。然后，又去参观了布莱恩·莫尔、韦尔斯利等学院，途中还顺便参观了其他一些学校。

上述高等院校最能反映美国人的生活以及他们的文化。由于时间仓促，只能是走马观花，无法对美国的教育做出确切的评价。但是，通过这些短暂的观察，我还是体会到美国人和法国人的差异，尤其是在女子教育观念上的不同之处。其中有两点是我体会最深的：一是美国人对学生的健康和体育锻炼极其重视；二是美国学生对发展个性和独立有着充分的自由，学生们组织了不少的社团。而在法国，这两方面都未受到足够的重视。

每个大学的建筑与布局都既壮观又和谐。通常，教学大楼屹立于一片空旷的场地中央，各座大楼之间绿树成荫，草地如茵。史密斯学院就建在一条幽静的小河旁。校舍窗明几净，让人感到清爽舒服。浴室也设备齐全，冷热水敞开使用。学生公寓非常整洁，还有供学生们聚会的大厅。体育锻炼也组织有序，学生们可以根据自己的爱好练网球、棒球，或在室内体育馆里练体操，也可以练游泳、骑马，总之是任君选择。学校里还设有医务室，负责学生们的健康。美国的母亲们认为，大城市，尤其是纽约，环境不利于女孩子们的教育，而乡间既宁静又空旷，不仅有益于她们的身心健康，而且也可以让她们静下心来学习。

在每一所学院，女学生们组织起学生会，委员由大家选举产生。学生会可以拟定学生在校内应遵守的行为准则，并从事极其活跃的校外公益活动。她们还自己编印刊物，排戏在校内外演出，我对她们演的戏剧内容十分感兴趣。学生们出身不尽相同，有的是富家子弟，有的则是靠奖学金维持学习期间的生活，不过学生会里却非常平民化，人人平等，无贵贱之分。学院里也有不少的外国学生，我见到过几个法国学生，他们告诉我他们对学校的生活和学习十分满意。

学院全都是四年制。学习期间大大小小的考试不断。有的学生完成四年的学业后，可以继续做研究，以获得博士学位。美国的博士学位与法国的不太相同。每所学院都拥有自己的实验室，而且仪器设备都挺先进。

学院里的年轻女大学生们朝气蓬勃，富有生气，给我留下了深刻的印象。如果遇有欢迎会之类的庆祝活动，譬如我到学院来参观，女大学生们总是自觉主动地积极参加。在为我举行的几次欢迎活动中，虽然有点半军事化，但女大学生们的热情神态，她们自排自唱歌曲时的激昂情绪，以及她们穿过草坪向我奔来表示欢迎的欢喜雀跃的情景，让我感触颇深，难以忘怀。

返回纽约，去华盛顿之前，还有几个欢迎会在等着我：化学学会的午餐会，自然历史博物馆和冶金矿业学会的欢迎会，社会科学研究院的晚宴，卡内基大会堂由各个学院和大学教师、学生代表举行的欢迎大会。在上述活动中，都有包括妇女界在内的各界名流在会上发表热情洋溢的演说，并授予我各种荣誉头衔及奖状。这些荣誉都包含着珍贵的友情，所以我格外地重视。不同国家和民族之间的友谊是人们经常提及的话题。副总统柯立芝在他的致辞里，对法国人民和波兰人民在美利坚合众国创立过程中所给予的各种帮助表示了诚挚的谢意，并且强调指出，在大战中这种友谊得到了进一步的发展。

5月20日，在知识交流和社会彼此认同的亲切气氛中，白宫为我举行了隆重的欢迎仪式。时间虽不长，但却十分感人。整个欢迎活动显示的是一种民主作风。到会的除总统哈定伉俪之外，还有国务院各部门主要官员、高等法院大法官、三军高级将领、各国驻美使馆官员和华盛顿及外地的社会名流。仪式开始时，法国驻美大使儒塞朗先生首先致辞，接着，梅乐内夫人代表美国妇女界讲话，然后，哈定总统演说。哈定总统演讲完之后，我做了简短的答谢。随后，与会来宾排列成队，相继从我面前走过，握手祝贺。最后，集体合影，以作永久留念。仪式是在庄严美丽的白宫举行的。时值五月阳光明媚的午后，天清气净，绿草如茵，白宫屹立在一片草坪之中，四周由一座座建筑物环绕着，显得洁白晶莹，美不胜言。由这个伟大国家的总统代表他的人民在仪式上向我表示欢迎与敬意，真让我受宠若惊，感到无比光荣，令我终生难忘。

总统在其致辞中再一次代表美国人民向法国和波兰人民表达了谢意。他致辞的内容与柯立芝副总统的讲话大致相同，但他则侧重于表达谢意，再加上赠送镭的特殊性，使得他的情意的表达更加浓烈与贴切。

美国人慷慨侠义，对于有益于民众福利的事情总是会立即表示赞赏的。镭的发现在美国之所以受到极大的重视与赞许，不仅仅是因为它所具有的科学价值和它在医学上的重大作用，更重要的是，镭的发现者不为自己谋取个人利益，无偿地毫无保留地把它奉献给全人类的精神让美国朋友对法国科学界感到由衷的钦佩和赞赏。

赠送给我的镭并未带到欢迎仪式上去，美国总统只是亲手交给了我一把小小的金钥匙，可以用它打开装有镭的那只箱子。

在华盛顿参加完主要的庆祝仪式后，我继续逗留了几日。除了参加法国使馆、波兰使馆和国家博物馆的欢迎会以外，我还参观了几座实验室。

告别华盛顿后，我们又访问了费城、匹兹堡、芝加哥、布法罗、波士顿和纽黑文等地，游览了大峡谷和尼亚加拉大瀑布。我受到这些城市的一些高等院校——宾夕法尼亚大学、匹兹堡大学、芝加哥大学、西北大学、哥伦比亚大学、耶鲁大学、宾夕法尼亚女子医学院、史密斯学院、韦尔斯利学院的邀请，前往参观访问，并接受了他们赠与我的名誉学位。我对他们的这番好意感激不尽。另外，哈佛大学也曾开了欢迎会，我也应表示谢意。

美国的大学在授予名誉学位时都要举行隆重的仪式。一般来说，这种仪式是与每年学生的毕业典礼同时举行的，接受名誉学位者必须亲自出席，但有几所大学则是破例为我单独举行这种仪式的。在美国的大学里，这类庆典活动比法国的多，是它们的学生的重要活动之一。每年一次的毕业典礼更是隆重。举行典礼时，学校的教师和应届毕业生都得穿上学位袍，戴上学位帽，列队在校园中游行，然后进入大礼堂，由校长宣读获得学士、硕士和博士学位的学生名单。接受学位证书时，乐队热情洋溢地演奏乐曲。这之后，由该校教师或外校的代表上台讲话，内容都与宣扬教育思想和为人类谋幸福有关。有时，这中间还插入一些美国式的幽默。仪式颇令人感动，对联络毕业生的感情有着重要的作用。而对美国的大学来说，这种仪式尤为重要，因为它们都是依赖私人捐赠开办的。只是近年来才在各州创办起了州立大学。

在耶鲁大学，我荣幸地代表巴黎大学出席了该校第十四任校长恩格尔的就职典礼。在麻省，我出席了美国哲学学会和医师协会的会议。在芝加哥，我参加了美国化学学会年会，并在会上做了关于发现镭的情况报告。在出席这些会议时，我被分别授予斯科特奖章、富兰克林奖章和吉布斯奖章。

美国妇女联合会为我组织了几场欢迎会，受到了公众的广泛关注。我前面已经说了，纽约各大学的妇女在卡内基大会堂为我举行了欢迎大会；在芝加哥，也举行了由波兰妇女协会组织的类似的欢迎会；在布法罗，加拿大大学妇女组织也热烈地欢迎过我。这一次次的欢迎会让我深深地感到她们对我的真挚情谊，她们认为女性在未来的科学事业以及其他各种事业中将会起到越来越大的作用。我感觉到，在美国，女性的这种看法与男性的看法毫不对立。据我亲眼所见，男同胞一般来说对女同胞们的这种期盼给予了充分的支持和鼓励。美国妇女界的社会活动，在教育事业、卫生事业和增加劳工待遇等方面，得到了特别的重视，并取得了很大的进步。此外，其他各项公益事业也都受到妇女界的重视和积极支持。梅乐内夫人支持并资助我的计划得以圆满完成，并深得各阶层妇女的热情赞助，就是一个明证。

这次美国之行，美中不足的是我没有充足的时间去参观各个实验室和科学研究机构。在不多的几次这种性质的参观中，我每次都是怀着极大的兴趣的。每到一处，我都发现美国人十分关心科学事业的发展，在实验室的仪器设备方面力求完善。有些地方在新建实验室，而旧实验室也都配备了新的仪器。各个实验室高大明亮，不像法国的那样既狭小又拥塞。在美国，各个实验室的经费多半是私人捐赠和各种不同的基金会供给。有一个全国研究会，全都是由私人捐赠建立起来的，其宗旨就是激励科学研究的发展，并在科研和工业生产之间建立起桥梁和合作。

我还饶有兴趣地参观了华盛顿的标准局。这是一个全国性的科学计量及其相关研究的重要机构。美国妇女界赠送给我的镭，分放在几支玻璃管中，就陈放在这里。该局的工作人员还认真地替这些镭做了计量，并装置妥当。万无一失地送到我所乘坐的邮轮上。

在华盛顿，我还参观了一处新建的实验室，是专门用液态氢和液态氦进行低温研究的。我非常荣幸地成为该实验室启用的揭幕人。

在参观一些实验室时，我非常高兴能与一些很有名的美国科学家会面。与他们的交谈是我这次访美旅行中最愉快的事情。

美国拥有一些镭疗医院，医院又都设有实验室，专门提炼镭射气，封固在玻璃管中备用。这些医院贮存着不少的镭，医疗条件也很棒，接受镭疗的患者不少。参观完几家这类医院后，我深感遗憾的是，在法国，还没有一家国立医院拥有如此多的镭和这么优良的仪器设备，导致镭疗远不及美国发达。我期盼着这一差距能够尽快地得到缩短。

镭工业起始于法国，但却在美国得到飞速发展。这是因为美国有大量的含镭铀矿（钒、钾、铀矿）供应（最近在比属刚果发现了一个铀矿，所以在安菲尔斯特建起了一座大型制镭工厂。——原作者注）。旅行途中，我还前往美国最大的制镭工厂去参观过，感触颇深。我高兴地看到工作人员们的创新精神。该工厂保存着一些胶片，记录着科罗拉多州辽阔的工地上工人们采矿和运矿的情景，以及从这些含量微小的矿石中提炼镭的过程。其提炼方法和程序与我们在实验室里所做的一样，没有区别。

我在参观这些镭工厂及其厂内附设的实验室时，他们对我极为尊敬，盛情地接待了我。在一个炼制新钍的工厂参观时，他们还送了我少许的新钍，工厂主还表示愿意在科学研究方面给我以帮助。

为了全面描述美国之行的印象和感受，必须简略地叙述一下美国的风土人情。但要做到这一点还真的挺困难，因为美国幅员辽阔，各地风土人情又各有不同，若想做到面面俱到，实非这本小小的书所能办得到的。如果只是说说大致印象，我可以这么说，美国的未来不可估量。雄伟壮丽的尼亚加拉大瀑布、不可思议的大峡谷……都给我留下了难以忘怀的回忆。

6 月 28 日，我在纽约港码头又登上了两个月前载我前来美国的那艘邮轮返回法国。两个月匆匆而过，我无法对美国和美国人妄加评论。但所到之处，人们对我和我的两个女儿的隆重而热情的接待，让我深受感动，又难以言表。主人们想方设法地让我感到宾至如归。许多美国人对我说，他们在法国时也曾受到同样的热情接待，像在自己的家中一样。当我回到法国时，除了想向美国妇女界赠我以珍贵礼品表示深深的谢意之外，我还深切地感到我们两个伟大的国家的友谊的亲切和珍贵。我深信，只要法国和美国两国人民一起努力，将会为人类和平相处带来无限的希望。

居里夫人生平大事年表

◎1867 年 11 月 7 日生于波兰首都华沙。父亲是物理和数学教师，母亲为一所女子学校的校长。

◎1873 年 进私立寄宿学校读书。

◎1876 年 1 月，十四岁的大姐因病去世。

◎1878 年 5 月 9 日，母亲因病去世。

◎1881 年 进俄国人控制下的公立中学就读。

◎1883 年 6 月，以优异成绩中学毕业，并获得金质奖章。毕业后，因健康原因去乡间亲戚家里休养。

◎1884 年 9 月，返回华沙，做家教，并参加了波兰爱国青年知识分子组织的“流动大学”，边学习边参加爱国活动。

◎1886 年 只身到农村去当家庭教师，一直到 1889 年 6 月。

◎1890 年 9 月，回到华沙，第一次进入实验室，在表哥约瑟夫主持的工农业博物馆搞物理和化学实验。

◎1891 年 9 月，赴巴黎求学。11 月，以玛丽·斯科洛多夫斯卡的名字注册，入巴黎大学理学院物理系。

◎1893 年 7 月，以第一名的优异成绩通过物理学学士学位考试，并获得奖学金，在巴黎大学继续攻读数学学士学位。

◎1894 年　接受法国工业发展委员会关于钢铁磁性的研究课题。4 月，与皮埃尔·居里结识。7 月，以优异成绩通过数学学士学位考试。后回波兰度假。10 月，返回巴黎，继续其课题研究。

◎1895 年　7 月，与皮埃尔·居里喜结良缘。

◎1896 年　2 月，法国物理学家贝克莱尔教授发现铀可以放射出一种射线。两年后，这种称之为“贝克莱尔射线”的未知射线引起居里夫妇的关注。8 月，通过中学教师资格考试，获物理考试第一名，进物理和化学学校实验室工作。

◎1897 年　第一篇论文《淬火钢的磁化特性》发表。9 月 12 日，大女儿艾莱娜出生。

◎1898 年　年初，选择铀射线作为博士论文选题。同时，发现钍也能放射出“贝克莱尔射线”，将此种特性命名为“放射性”。夫妇两人合作研究放射学。7 月，宣布发现一个新放射性元素，其放射性比铀强四百倍，命名为钋，以纪念自己的祖国波兰。12 月，夫妇两人与贝尔蒙特合作，发现又一个新元素，其放射性比铀强一百万倍，命名为镭。

◎1899 年　接受奥地利政府的一吨铀沥青矿渣，作为提炼镭之用。

◎1900 年　3 月，皮埃尔受聘为巴黎高等综合工艺学校助教。居里夫人被聘为塞弗尔女子高等师范学校教师，教物理。10 月，在法国数学家普安卡雷的举荐下，皮埃尔·居里前往巴黎大学为医学院学生讲授物理、化学和博物学。

◎1902 年　夫妇两人终于提炼出一分克氯化镭，第一次测定镭的原子量为 225。居里夫人的父亲病逝，享年七十岁。

◎1903 年　6 月，居里夫人的博士论文《放射性物质的研究》获得通过，取得博士学位。12 月，夫妇俩人与贝克莱尔共享 1903 年度的诺贝尔物理学奖。居里夫人成为第一位荣获诺贝尔奖的女性。

◎1904 年　10 月，任巴黎大学理学院物理实验室主任。12 月，二女儿艾娃出生。

◎1905 年　6 月，居里夫妇前往斯德哥尔摩领取因病未能及时前去领取的诺贝尔奖。7 月，皮埃尔当选为法国科学院院士。

◎1906 年　4 月，皮埃尔遇车祸身亡，终年四十七岁。5 月，居里夫人去巴黎大学接替丈夫的工作，教授物理课，内容为电与物质的现代理论。

◎1907 年　提炼出纯净氯化镭，并测定出镭的原子量为 226，发表论文《论镭的原子量》。

◎1908 年　晋升为教授。

◎1910 年　2 月，皮埃尔的父亲去世。提炼出纯净镭元素。《论放射性》两卷本专著问世。9 月，参加在布鲁塞尔举行的放射学会议。发表《放射性系数表》。接受委托制取二十一毫克金属镭作为基本测定标准，存放于巴黎国际度量衡标准局。

◎1911 年　1 月，竞选法国科学院院士，以几票之差落选。12 月，瑞典诺贝尔奖委员会宣布授予她 1911 年度诺贝尔化学奖。居里夫人成为第一位两次获诺贝尔奖的人。11 日，做了诺贝尔奖讲演，题为《镭和化学中的新概念》。

◎1912 年　12 月，论文《放射性的测量和镭的标准》发表。

◎1913 年 华沙实验室建立，亲自前往揭幕。夏天，做肾脏手术。10 月，出席在布鲁塞尔举行的第二届索尔维会议。

◎1914 年 7 月，巴黎镭研所居里楼落成，担任实验室主任。7 月 28 日，第一次世界大战爆发。

◎1914—1918 年 往返于法国各大战区，指导十八个战地医疗服务队，用 X 光配合战地救护。

◎1918 年 11 月，战争结束。波兰独立，波兰共和国成立。

◎1919 年 巴黎镭研所恢复运作。

◎1920 年 居里基金会成立，自 1920 年起开始向镭研所拨款。5 月，美国新闻工作者梅乐内夫人采访她后，回到美国，号召美国妇女界捐款，购得 1 克镭捐给居里夫人。

◎1921 年 《放射学和战争》一书面世。3 月 8 日，与北京大学校长蔡元培会晤。5 月，携两个女儿出访美国，接受捐赠的一克镭。5 月 20 日，由美国总统哈定在白宫主持赠送仪式。10 月，出席在布鲁塞尔举行的第三届索尔维会议。

◎1922 年 2 月，当选为巴黎医学科学院院士。5 月，出任联合国国际文化合作委员会委员。

◎1923 年 7 月，做白内障手术，未痊愈，后于 1924 年和 1930 年，又接受了两次手术。撰写《皮埃尔·居里传》(1924 年出版)，并应梅乐内夫人之请，撰写《自传》。

◎1924 年 巴黎大学举行纪念大会，庆祝发现镭二十五周年。12 月，接受朗之万介绍的学生约里奥为助手。

◎1925 年 回华沙为波兰镭研所奠基，并任名誉所长。10 月，出席第四届索尔维会议。

◎**1926年** 10月，艾莱娜与约里奥喜结连理。

◎**1927年** 10月，出席第五届索尔维会议。

◎**1929年** 第二次访美，代表华沙镭研所接受美国人民赠给波兰的一克镭，由胡佛总统主持赠送仪式。秋天，接受中国清华大学物理系首届毕业生施士元为研究生。

◎**1930年** 10月，出席第六届索尔维会议。

◎**1931年** 前往华沙主持波兰镭研所的开幕典礼。

◎**1933年** 在西班牙马德里举行的国际文化合作委员会会议上被选为主席。10月，与约里奥·居里夫妇一起出席第七届索尔维会议。约里奥·居里在会上报告了《他们很有成就》的研究论文。

◎**1934年** 在居里夫人的指导下，约里奥·居里夫妇发现了人工放射性。两卷本《放射性》完稿（1935年出版）。6月，居里夫人因病入疗养院。7月4日，因白血病辞世。7月6日，安葬于苏城居里墓地。7月7日，中国中央研究院院长蔡元培致唁电（慰问死者家属的电报、电传等。唁，yàn）。德比埃尔接任居里实验室主任。

◎**1935年** 12月，约里奥·居里夫妇因“研究和合成人工放射性”而双双获得诺贝尔化学奖。

◎**1946年** 居里夫妇的大女儿艾莱娜接任居里实验室主任。

◎**1965年** 12月，二女儿艾娃的丈夫亨利·拉布伊斯以联合国儿童基金会总干事的身份在斯德哥尔摩接受诺贝尔和平奖。

皮埃尔·居里传

前　言

我对写皮埃尔·居里生平传记是颇为犹豫的。我本想让他的某个亲属或朋友来完成这项任务，因为他们可能更熟悉他的生活以及他童年时期的情况。雅克·居里是皮埃尔的哥哥，又是他青少年时期的伙伴，与他手足情深，但他觉得自己无法承担这一重任，因为自从他被聘任为蒙彼利埃大学教授之后，他与他弟弟就相距很远了，因此他坚持要我来写这个生平传记，认为没有谁能比我更了解更懂得他弟弟的一生。他把他所能够想得起来的所有回忆全都告诉了我。我采用了他所提供的宝贵素材，并加进了一些我丈夫以及他的一些朋友向我讲述的详细情况。就这样，我尽我之所能把我并非直接了解的他的生平部分重新组合起来。另外，我也尽力地忠实地写出了我俩共同生活的那些岁月中我对他所留有的深刻印象。

这篇记述肯定是既不完全又不完美的。我只是希望它所描绘的皮埃尔·居里的形象没有丝毫的歪曲，并将永葆对他的缅怀。我还希望它对那些了解他的人来说，道出了他们之所以爱戴他的缘由。

玛丽·居里

1923 年于巴黎

I 居里家族

皮埃尔·居里的童年及初期教育

导读

皮埃尔·居里出生在一个并不富裕的小资产阶级家庭。由于童年的皮埃尔很难适应学校设置的课程，为此家人给了他极大的自由成长空间。直到后来，他遇到一位优秀的教师，命运也随之发生转机。

皮埃尔·居里的父母都是既有文化又聪明的人，他们属于并不富裕的小资产阶级，与上流社会毫无瓜葛。他们只与一些亲戚和少数知心好友常常走动。

皮埃尔的父亲欧仁尼·居里（欧仁尼·居里于 1827 年生于米卢兹。——原作者注）是个医生，而且是医生之子，他对自己的姓氏知之甚少，对原籍阿尔萨斯又是新教徒的居里家族也不甚了了。尽管其父定居伦敦，但欧仁尼·居里却是在巴黎接受的教育；他在巴黎学习自然科学和医学，并在格拉蒂奥莱附近的姆塞恩实验室担任教辅人员。

欧仁尼·居里医生人品极好。但凡与他接近的人都很敬佩他。他身材魁梧，年轻时大概是个金发小伙子，一双美丽的蓝眼睛，即使到了垂暮之年，仍旧目光炯炯，闪闪发亮。这双眼睛透着一种稚气，既流露出善良又透着聪颖。的确，他智力超群，对自然科学情有独钟，颇有学者风度。

他虽然想终生致力于自然科学，但却不得不放弃这一计划，这是因为婚后带来的家庭负担以及随之而来的两个儿子的出生。因此，为生活所累，他不得不从医。然而，他仍在临时地进行一些实验，特别是结核接种。在当时，对这种疾病的病原体尚未确定。直到晚年，他都对科学极其崇敬，无疑也在为未能专心进行科学研究而感到遗憾。居里医生对科学的用心使他养成了远足的习惯，常常去寻找一些植物和用于实验的动物。对大自然的热爱也让他从内心深处对乡村生活有着明显的兴趣。

医生的行当收入一直很微薄，但他却在从医过程中表现出了忠心耿耿和大公无私的优秀品质。1848 年革命期间，他还是个大学生，但共和国政府却给他颁发了一枚荣誉勋章，以表彰他在救治伤员过程中的“勇敢卓越的行为”。2 月 24 日那天，他自己也负了伤，一颗子弹击碎了他一部分颌骨。稍后，在霍乱猖獗期间，为了照顾病人，他搬到了巴黎的一个医生全都走光了的街区。巴黎公社时期，他在自己的公寓房内建起了一个急救中心（位于维奇达雄街），附近就设置着一个街垒，他就在那儿抢救伤员。他的这种公民责任心以及他激进的信念使他失去了自己的资产阶级顾客。这时候，他接受了保护低龄儿童服务中心的巡回医生的任务，使得他可以在巴黎郊区生活，其环境、空气对他以及他的家人的身体健康比住在城里更加有利。

居里医生的政治观念很坚定。生性是个理想主义者的他，却热情洋溢地喜欢上了启迪了1848年的革命者们的共和理论。他与亨利·布里松及其一派的人结下了友谊。他同他们一样是自由的思想者和反教会者，所以他根本就没让自己的儿子们受洗，也没让他们信奉任何宗教。

皮埃尔·居里的母亲克莱尔·德普利是普托的一位企业家的女儿；她的父亲和兄弟们因有多项发明创造而在工业界颇有名气。她家祖籍萨乌瓦，由于1848年的革命对企业造成重创而家道中落。企业的倒闭，再加上居里医生生涯中的挫折，使她和她的家人一直过着比较困苦的生活，而新的困难还不断地出现。皮埃尔·居里的母亲尽管生在一个富裕家庭，却以平静而勇敢的心态接受了摆在她面前的这种困难的生活条件，极其忠贞坚强地相夫教子，渡过难关。

尽管雅克和皮埃尔成长的家庭条件很不富裕，而且困难重重，但是，家中却洋溢着一种温馨和睦、相亲相爱的气氛。皮埃尔·居里第一次跟我谈起他的父母时对我说，他们“相敬如宾”，“恩恩爱爱”。他们的确是如此。父亲欧仁尼有点专断，思想总是非常明快而激进，罕见的无私，不愿也不懂利用自己的关系去为改善家庭的生活条件而谋点私利，对妻子和儿子们有着温馨的爱，对有求于他们的人总是不吝帮助。母亲克莱尔个子矮矮的，性格很开朗，尽管因为生了两个孩子身体受到影响，但她总是快快活活、无忧无虑的，把自己那简朴的家收拾得干净整洁，让人喜欢登门。

当我认识他们时，他们住在苏城的萨布隆街（今之皮埃尔·居里街）的一座老式小房子里，它位于一座美丽花园的绿荫深处。他们的生活很平静。居里医生因工作关系得四处奔波，或在苏城，或去附近地区。工作之余，他便看看书或侍弄他的花园。每个星期天，一些近亲和邻居常来拜访；地滚球和弈棋是当时最受欢迎的娱乐活动。亨利·布里松时不时地也跑到这个宁静的退隐地来看望自己的老战友。无论是屋里、园中还是屋主们，都给人一种怡然宁静的深刻印象。

皮埃尔·居里于1859年5月15日出生。他的出生地面对居维埃街的植物园。他的父母亲当时就住在那儿。他父亲当时在姆塞恩实验室工作。他是居里医生的第二个儿子，比哥哥雅克小三岁半。关于他在巴黎的童年生活，他的印象并不太深刻。然而，在对我讲述时，对巴黎公社、当时他家附近的街垒战斗、他父亲的急救中心以及父亲在两个儿子的帮助下抢运伤员的情况，他记得却是非常清楚。

1883年，皮埃尔·居里离开了首都，同父母一起住到郊区去了。1883年到1892年住在丰特奈·欧罗斯；1892年到我们结婚的1895年，住在苏城。

皮埃尔的童年完全是在自己家里度过的。他从未进过学校。他的启蒙教育先是母亲，后是父亲和哥哥教的，而他哥哥自己也没学完高中课程。皮埃尔·居里人虽然聪明，却根本不能很快地适应学校的正规课程。他的脑子爱幻想，受不了学校强加的知识灌输。他感觉跟不上学校的那种教学方法，这往往被人认为头脑反应有点迟钝。他自己也认为自己脑子笨，而且还常常这么说。可我却觉得这种说法并不完全正确。我倒是认为他自童年时起，智力便高度地集中在一个特定的事物上，直到获得一个确切的答案为止，无论外界环境如何，他的思路都不可能被打断和改变。很显然，这种特质的思想可能蕴含着很大的发展前途。但是同样明显的是，对于这类的智力，公共学校中是没有任何教育体系为此服务的，其实这类智力不在少数，比乍看到的要多得多。

对于皮埃尔·居里来说，非常幸运的是，尽管如大家所见，他不可能成为一个优秀学生，但是他父母头脑非常清醒，了解他的这种困难，所以并未强迫他入学，否则他的智力发展会大打折扣。尽管皮埃尔·居里的启蒙教育非常不正规和不完整，但是它却也有其好处——用不着对其智力加大压力，从而因条条框框、成见偏见而损伤了智力。皮埃尔·居里因这种极其自由的教育而始终感激和怀念他的父母亲。他在自由中长大，在乡间的远足中增长了对自然科学的兴趣爱好，并从乡下带回一些植物和动物供他父亲做实验用。这种乡间漫步是他同家人一起或自己独自做的，这大大地有助于在他的心中激起对大自然的热爱。一直到他生命结束，他都保持着这份激情。

能够了解大自然的孩子很少，因为住在城市里再加上传统教育等人为条件的限制。而皮埃尔·居里能够与大自然亲密接触，这对他的思想观念的培育有着决定性的影响。在父亲的指导下，他学会了观察事物，并能正确地表达出来；他还学会了辨识巴黎附近的动物和植物。在一年的不同季节里，他知道在森林里和草原上，在溪流中和沼泽地，可以发现什么动物和植物。上述这些地方对他特别具有一种不断更新的吸引力，那儿生长着奇异独特的植物，还有许许多多的青蛙、北螈、蝾螈、蜻蜓以及其他许多空中和水里的“居民”。他不费吹灰之力就能抓到他感兴趣的东西。他常常大胆地把一只小动物抓在手里仔细观察研究。后来，我俩结婚以后，在我们一起外出散步时，如果我反对他把一只青蛙抓在手里，他就回答我说：“不，你看它多漂亮呀。”他散步回来也总是要带回几束野花来。

因此，他在自然科学方面的知识长进很快，同时对数学的基础知识也掌握了不少。而文史方面的知识却大大地忽视了，他主要是通过阅读来掌握这方面的知识的。他父亲知识面很广，自己有一间书房，藏有许多法国及外国作家的著作。父亲自己也对文史知识很感兴趣，所以知道如何与儿子们交流沟通。

快十四岁时，在皮埃尔·居里的教育上出现了一个非常可喜的机会，他被委托给一位优秀的教师培养。后者名叫罗贝尔·巴齐尔，教授皮埃尔·居里基础数学和专业数学。这位老师很善于启发学生，对他十分关心，督促他努力学习，甚至帮他提高拉丁文，因为皮埃尔·居里的拉丁文学得很差劲儿。与此同时，皮埃尔·居里与老师的儿子阿尔贝·巴齐尔结下了友谊。

毫无疑问，这番教育对皮埃尔·居里的智力有很大的影响。它使他的智力在增长，使他的才能在提高，而且使他意识到自己在科学方面的潜力。皮埃尔·居里在数学学习上极有天分，尤其反映在他独到的几何概念和对空间的善于思索上。他很快便取得了长足的进步，而他所热衷的这些学习是他的巨大乐趣之一，因此他对他的这位老师一直心怀感激。他跟我讲过一个情况，证明他自那时起就不满足于单一地遵循一种学习计划，而是偏离计划，进行独立思考。他对刚刚学会的行列式理论非常着迷，便着手画一个类似的图，那是三维图，他试图发现这些“立体行列式”的特征与运用方法。不用说，他这么个小小年纪，掌握的知识又不多，这么做无疑是他力所不能及的，但是，他的这种设想却很有特色，说明他的创新精神在萌芽。

好多年后，一心想着对称问题的他，给自己提出这么个问题：“人们难道就找不出一种普通的方法来解随便一个方程式吗？一切都是一个对称的问题。”他当时尚不了解能够使他接触这个问题的伽罗瓦群的理论（用群论的方法来研究代数方程的解的理论）。后来他了解了结果，以及五次方程情况下的几何运用。

多亏了数学和物理方面的飞速进步，皮埃尔·居里十六岁时获得了理科的业士学位（法国中学毕业会考合格者所取得的学位。有此学位便可直接注册上大学）。至此，对于他来说最艰难的阶段越过了：从今往后，他就可以一心想着在自由选择的科学领域通过个人的独立努力去掌握知识了。

Ⅱ

青年时期的梦想
最初的科学研究
压电现象的发现

导读

青年时期的皮埃尔就已树立了科学研究的志向，十八岁时他便获得了物理学学士学位。日后，全身心投入科研活动的皮埃尔成为了他哥哥的研究伙伴。

皮埃尔·居里在开始进入大学学习准备拿物理学学士学位时，年龄还很小。他在巴黎大学听大课和上练习课，而且还在前药学院勒鲁教授的实验室帮助他准备物理课的教案。与此同时，他还同他哥哥雅克一起干活儿，后者当时是里希和赞弗莱什的化学课的教辅人员。

十八岁时，皮埃尔·居里获得了物理学学士学位。上学期间，他就受到高等教育研究实验室主任德桑和副主任姆东的赏识。在他们的推荐下，1878 年，十九岁时，他便被聘为巴黎大学理学院德桑的助教，带着学生做物理实验。他在这一职位上干了五年，也正是在这一期间，他进行了自己最初的实验研究。

大家会觉得很遗憾，皮埃尔·居里虽说遇到的是一个好机会，但却不得不在十九岁时就当起了教辅人员，而两三年内却不能继续自由地去选修课程。由于实验室的工作以及自己的研究脱不开身，他只好放弃继续去修高等数学课，也不再参加考试了。不过，他也因此而无须服兵役，这是当时对从事公共教育的年轻人的一项优惠政策。

这就是当时的那个高挑修长的年轻人，栗色的头发，表情腼腆而矜持。生活圈子狭小的影响显现在他那张年轻的面庞上，他和父母、哥哥一起照的那张全家福上便可看得清清楚楚。他手支着脑袋，姿态随便，沉于幻想，那双大眼睛像是在盯着内心深处的一个幻影，给人留下深刻的印象。他哥哥的样子则与他截然不同，褐色的头发，目光炯炯有神，神色坚定。

兄弟二人相亲相爱，关系密切，因为他们习惯于一起在实验室里工作，闲暇时又一起去散散步。他们有几个童年伙伴，后来一直保持着亲密的联系：堂哥路易·德普利，后来当了医生；路易·沃蒂埃，后来也当了医生；阿尔贝·巴齐尔，后来当了电信工程师。

皮埃尔·居里在跟我讲起当时度假的情况时总是喜形于色，眉飞色舞。他同哥哥雅克沿着塞纳河河边漫步，有时还下水沐浴，或跳水嬉戏。他同他哥哥都是游泳的好手。他们也能整天整天地漫步，因为他们早就养成习惯在巴黎郊外徒步行走。有的时候，皮埃尔·居里独自一人漫步，这有利于他沉思默想。往往在这种情况之下，他会忘了时间，人都走得快要散架了。他陶醉于对外部事物的观察思考，就不愿去想物质方面的困难了。

在他于1879年写的日记中（皮埃尔·居里没有留下什么真正的日记，只是写过不多的几页，记述了他一生中的一个很短的时期，而且也是随手写写而已。——原作者注），是这样描述乡野对他产生的有益的影响的："啊！我在这里独自度过了多么美好的时光呀！远离了在巴黎让我心烦意乱的种种恼人的琐碎事情！不，我对在林中度过的白天夜晚毫不感到遗憾。如果我有时间的话，我就要把我当时的幻想全都讲述出来。我还想描绘那恬静宜人的河谷，草长莺飞，花香四溢，湿润清新的美丽卵石堆，比埃弗尔河从中穿过，高高的瀑布形似仙女宫，长满欧石楠的红红的石山丘，躺在上面美不胜言。是的，我将永远心怀感激地记住米尼埃尔的树林，那是我至今所见到过的所有地方中我最喜爱的一个去处，我在那儿幸福极了。我经常晚上出发，沿河谷而上，归来时脑子里充满着各种各样的想法。"

因此，在皮埃尔·居里心中，在乡间所感受到的幸福与冷静思考的可能性是联系在一起的。日常生活中忙忙碌碌，干扰分心之事颇多，他无法集中思想，这是他痛苦和焦虑的一个原因。他感到自己命中注定要搞科学研究。对于他来说，深入了解种种现象以创建一种令人满意的理论是一种极其迫切的需要。但是，在试图把自己的精力集中于某一个问题时，他却常常被许许多多的琐碎事情而分心，扰乱了他的思绪，使他气馁。在《天天如此》这一标题下，他在日记中叙述了种种琐事，弄得他整整一天都无法干有用的事情。他最后写道："这就是我的一天，我什么都没干成。为什么呀?”后来，他又回到这同一个问题上来，引用了一位名作家的一句话作为标题写道：

用琐事麻痹想思索的脑子

引自维克多·雨果的《国王取乐》。(原作者注)

尽管我很弱，但为了让我的头脑不要随风飘荡，不要一有风吹草动就不知如何是好，就必须让我周围的一切静止不动，或者让我像一只飞速旋转的陀螺，对外界的事物无动于衷。

当我自身正在慢慢地转动时，我就试图让自己飞速转动起来，但是，一点琐事、一句话、一个叙述、一份报纸、一次来访就让我停了下来，致使我可能会把那个重要时刻永远地推后、延宕(拖延。宕，dàng)，本来只要加快必要的速度，我会无视周围的一切，集中精力……我们必须吃、喝、睡、懒、爱，必须接触生活中的最甜美的事，但却不可沉湎其中，在做所有这些必须做的事情的同时，坚定不移地抗御本能的思想要占据主导，在我们可怜的脑袋中继续不受干扰地发展下去。必须把生活变成一个梦，再把梦变为现实。

世俗琐事组成了生活，但这并不是生活的全部。每个人的生命都是有限的，只有让更加有意义的事情来充实我们的生活，才算不辜负生命旅程的意义。

一个二十岁的青年人的这种敏锐的分析，惊人的清醒，以一种令人赞叹的方法表述了思想的最高境界。它蕴含着一种真正的教诲，如果明白了这一教诲，它就会为爱幻想的思想开辟道路，使其能够为人类开创新的天地。

皮埃尔·居里所赞赏的思想集中，不仅被他的职业和社会生活所扰乱，而且也被他自己的兴趣爱好所干扰，这种兴趣爱好在促使他向广阔的文学艺术领域发展。他像他父亲一样，喜欢文学，不害怕接触那些难读的文学著作。就此有人对他有所批评，他则回答说："我不讨厌艰涩难懂的书籍。"这是因为他迷恋着寻求真理，这种真理有时候却是与一种对无趣的东西的思索联系在一起的。他还喜欢绘画和音乐，常常去看画展和听音乐会。

他的日记上还留有他亲手抄写的一些诗歌的片段。

但是，所有这一切都服从于他认为是他的真正使命的任务，当他的科学思考没有充分地调动起来时，他就会感到自己是不完整的。他的焦虑不安用一些动人的话语表达出来，它们是因短暂的消沉期间的痛苦所引发的。他写道："我以后会成什么样子？我很少完全属于我自己；通常，我身体的一部分在酣睡。我可怜的头脑，你就那么软弱，就无法对我的身子起作用吗？啊，我的思想呀！你真是一文不值！我只有在幻想中才最有信心使自己摆脱窠臼，但我真害怕它已经完全丧失了。"

尽管犹豫不决，疑虑重重，以及时间的丧失，年轻的皮埃尔还是渐渐地找到了自己的路，并坚定了自己的意志。在未来的学者们还只处于学生的年龄时，他就坚决地投身于科学研究了。

他同德桑合作进行的第一项研究就是关于热波长度的确定。他们借助一个热电堆和一个用金属丝做成的网完成了此项研究。这种全新的方法后来在研究这个问题时经常被使用。

随后，他与他哥哥合作进行了对晶体的研究。他哥哥获得学士学位之后，在巴黎大学矿物系实验室给弗里代尔当助手。这项研究给这两位年轻的物理学家带来了一个巨大的成功：发现了新的压电现象，即通过无对称中心的晶体压缩或膨胀而产生的在一个电极上出现这种压电现象。这次的发现绝非偶然的结果，它是由对晶体材质的对称进行反复思考得来的，这些思考使他们兄弟俩得以预见这种电极出现的可能性。这项研究的前期工作是在弗里代尔实验室里进行的。两位年轻的物理学家以他们这种年龄罕见的实验能力，成功地完成了对这一新的现象的研究，创造了在晶体中产生它的必不可少的对称条件，确定了极其简单的量的规律以及某些晶体的绝对量。好多很有名的外国科学家——罗恩根、康特、乌瓦特、里埃克——都沿着雅克和皮埃尔·居里开创的这条新的道路进行了这方面的研究。

这项研究的第二部分从实验的角度来看则是更加难以完成，它牵涉到压电晶体在受制于一个电磁场的作用时，就会出现变形现象。里普曼曾预见到的这一现象被居里兄弟俩证明了。这项研究的困难之处在于所要观察的变形很微小。德桑和姆东给这兄弟俩提供了从他们完成微妙的实验的物理实验室里弄来的一块材料。

从这些既是理论性的又是实验性的研究中，他们立即推论出一个实际的结果，在这个过程中他们使用的是一种新仪器，还有可以用绝对值来测量微弱电量的压电石英，以及弱电压的电流。这个仪器后来在放射性的研究中起了很大的作用。

居里兄弟俩在研究压电的过程中，需要使用一些测电设备。由于无法使用当时已知的诸如象限静电计之类的仪器，他们就动手制作了一件新型的仪器，对他们的研究需要更加适合，后来在法国被广泛地加以使用，取名为居里静电计。

一向亲密无间的两兄弟在合作的这几年是幸福的，而且硕果累累。他们的友谊以及对科学的热情对他们来说是一种激励和支持。在共同的研究中，雅克的活跃精力对皮埃尔是一个宝贵的帮助，因为皮埃尔容易沉湎于沉思冥想。

然而，这种美好而亲密的合作只持续了几年。1883 年，皮埃尔和雅克不得不分开了。雅克去蒙彼利埃大学任矿物学教师；而皮埃尔则在巴黎物理和化学学校任实验室主任，该校是在弗里代尔和舒赞贝格的推动下由巴黎市政府创建的，舒赞贝格成为第一任校长。

雅克和皮埃尔·居里就晶体所进行的卓越的很久的研究之后，于 1895 年为他们赢得了普朗泰奖。

Ⅲ 在物理和化学学校的初期生活 研究对称与磁性

导读

皮埃尔在一所物理和化学学校里开始了自己的工作和研究。热衷于科学研究的皮埃尔对荣誉却显得相当淡漠，尽管后来他获得了升迁，可这对于他来说并不是什么有益的事。

正是在设于罗兰学院的一幢幢旧楼中的物理和化学学校，皮埃尔·居里工作了二十二年，这几乎是他科学生命的全部时间，先是任实验室主任，后来当上了教授。他的回忆似乎与这些现已拆除了的旧大楼亲密地联系在一起。他在那里面度过整个白天，只是晚上才回到他父母亲当时居住的乡间。他觉得在那里非常幸福，因为创建者舒赞贝格校长对他特别关怀，而且学生们对他也很敬重和友爱，其中有好几个学生成了他的弟子和朋友。在他生命的最后几年里，他在巴黎大学的一次演讲结束时，是这么说的：

我想在此着重指出，我们在巴黎市政府的物理和化学学校进行了我们所有的研究工作。在任何科学成果中，人们身处的工作环境的影响是很大的，而且一部分的成果应归功于这种影响。学校的第一任校长舒赞贝格是一位杰出的科学家。我心怀感激地记得当我在做教辅人员的时候，他为我提供了很好的工作条件。后来，他答应让我妻子玛丽·居里来我身边工作，这一举措在当时那个时代是一种不同寻常的革新。舒赞贝格给予我们大家一个极大的自由，他的那种对科学的热情感染了大家，使我们感触尤深。物理和化学学校的教师、从该校毕业的学生组成了一个亲切有益、成果多多的环境，对我帮助极大。我们就是在学校的老校友中间找到了我们的合作伙伴和朋友。我很高兴能在这里向大家表示感谢。

在新的职务任职之初，他比他的学生们大不了多少，但学生们都爱戴他，因为他的行为举止极其平和随意，既是老师又是同学。他们中有一些人激动地回忆起在他身边学习时的情况，以及在黑板上讨论的情景，他总是主动地同大家讨论科学问题，这对大家的成长和激情的萌发大有裨益。在学校老校友会于 1903 年举行的一次聚餐会上，他微笑着回忆起当时的一次意外：有一天，他同几个学生在实验室里干得太晚了，等他们想走的时候，却发现门给锁上了，所以大家只好顺着二楼的窗子旁边的一根管道溜下去。

他的矜持和腼腆，使他不容易和大家打成一片，但是因工作关系而与他在一起的那些人却很爱戴他，因为他为人亲切和蔼。在他的一生中，他的下属们都是非常喜欢他的。学校里有一个他的实验室的助手，一个小伙子，居里在此人生活极其困难时帮助了他，他对皮埃尔·居里一直深怀感激和崇敬之情。

尽管与他哥哥分居两地，但他仍与哥哥维系着往日的友谊与信任。一到放假，雅克·居里便前来看他，两人又开始颇有成效的合作，把这段自由的时间全都奉献给这种合作了。也有的时候，是皮埃尔去看雅克，因为雅克当时正在奥维涅忙于一项地质绘图工作，他便同雅克一起进行实地踏勘。

下面就是皮埃尔对其中的一次踏勘的回忆，是从他在我俩结婚前不久写给我的一封信中摘录下来的。

> 我很高兴地同我哥哥一起度过了一段时光。我们抛开了眼前的一切烦恼，享受我们所习惯的生活方式。以至于连一封信都不可能收到，因为我们每一天都不知道第二天宿于何处。有时候，我觉得我又回到了我俩生活在一起的那个时期。我们竟然达到在任何事情上都看法一致的程度。因此，由于想法一致，我们都不再需要说出来就能够相互领会彼此的看法。我俩性格迥然不同，能做到这一点就更加难能可贵了。

从科学研究的角度来看，必须承认皮埃尔·居里受聘前去物理和化学学校任职，一开始耽误了他的实验性研究。确实，他刚上任之时，这所学校还什么都没有，一切都要创建。围墙和隔板也才刚刚弄好。皮埃尔·居里必须完全负责组织学生实验的工作。他以其独具一格、精细新颖的思想出色地完成了这项任务。

学生人数很多，每班三十名。对于只有一个实验室小助手相帮的年轻的皮埃尔来说，带这么多学生做实验，本身就非常艰难。头几年无疑是艰苦工作的几年，但对他所指导的学生们的教育与培养大为有益。

皮埃尔·居里趁着被迫中断自己的实验研究的机会来补充自己的科学知识，特别是数学方面的知识。

1884 年，他发表了一篇以晶体对称研究为基础的有关增长序和重现的论文。同年，又就同一题目做了一个更广泛的报告。另一篇关于对称与重现的论文于 1885 年发表。同年，他就晶体的形成和不同面的毛细常数发表了一篇很重要的理论文章。

我们可以从这一篇又一篇的论文的发表看出，皮埃尔·居里对晶体物理是多么关心。他的理论性研究或在这一领域的实验性研究都围绕着一个很普遍的原则：对称原则。他成功地一点一点地指出这一原则，直到 1893 年至 1895 年在他所发表的一些论文中才最终确定下来。

下面就是他给这一论证所提出的今后将成为经典的方式：

> 当某些原因产生某些效果时，原因的对称因子应该再现于所产生的效果中。
>
> 当某些效果显示出某种不对称时，这种不对称应该再现于使之产生的原因中。
>
> 这两种假设的逆命题不一定正确，至少在实际之中不

是这样，也就是说所产生的效果可以比原因更加对称。

这个虽简单但却完美的论证的极大的重要性在于，它所引入的对称因子是与所有物理现象相关的，无一例外。

在对自然界中可能存在的对称群的一次深入研究的指引下，皮埃尔·居里指出了应该如何利用这种既是几何学又是物理学特性的资料去预见某种现象是否会产生。或者它产生在所考虑的条件下是不可能的。在一篇论文的开头，他是这么强调的：

我认为最好在物理学中引入晶体研究者们所熟悉的对称概念。

他在这条道路上的成果是重大的，尽管后来转向了其他的研究，但他始终对晶体物理保持着浓厚的兴趣，并且在这一领域不断地酝酿一些新的研究计划。

让皮埃尔·居里念念不忘的这种对称原理是重大的原理之一，这些原理数量虽然不多，但却指导着物理现象的研究，它们扎根于由实验所提供的概念之中，但又逐渐从中摆脱出来，获得一种越来越普遍、越来越完美的形式。因此，热当量和功当量的概念便补充进动能和潜能的当量概念中来，使得使用非常普遍的能的保存原理得以建立。同样，质量保存的原理也从以化学为基础的拉乌瓦齐埃的实验中渐渐地得出来了。通过这两种原理的聚合，一种令人赞叹的综合最近得以达到一个更高的普遍性的程度，因为已经证明一个物体的质量与其内在的能成正比。对电现象的研究使得里普曼提出了电的保存的普遍原理。根据生热装置的运作构思产生的卡尔诺原理也具有一种极其普遍的意义，使它能够预见各种物质系统的自发变化的最有可能的方向。

对称原理提供着一种可比变化的榜样。对称概念一开始就能通过对大自然的观察来进行验证：如果是晶体化了的矿物质，规律性则更加完美。我们可以看到大自然为我们提供了对称面和对称轴的概念。如果对称面把物体分成两个部分，而每个部分又可以被看作是这个面里所反映的另一部分的形象（如同在一面镜子里那样）的话，那么这个物体就具有一个对称面或蜃景（大气中由于光线的折射作用而形成的一种自然现象。古人误认是蜃吐气而成，所以叫蜃景）面。这几乎就是人和许多动物的外表形象所产生的那样。如果将一个物体沿某一轴线旋转，转到一周的几分之一，这时物体恢复到原来的形状，我们就会说这个物体有一个几阶的对称轴线。例如，一个整齐的四瓣花朵，就有一个四阶对称轴线，或四阶轴线。像岩盐或明矾这样的晶体就具有好几个对称面和好几个不同序的对称轴。

几何学教会我们研究一种被限定的形象（如多面体）的对称因子和在这些因子中间发现使它们聚集成堆的一些必不可少的关系。了解这些堆体非常有利于把晶体形式合理地排列成一个数量不多的系，其中每一个系都是从一个简单的几何形式变来的。因此，正八面体就属于与立方体同样的系，因为由对称轴和对称面所组成的堆体在两种情况之下都是相同的。

在对晶体物质的物理属性的研究中，必须考虑这种物质的对称性。这种物质通常是各向异性的；也就是说，当介质（如玻璃或水）是各向同性（因为在这种情况下，各个方向都是相等的）时，它在各个方向中就没有相同的特性。对光学的研究首先指出了光在一个晶体里的传播依据的是这个晶体的对称因子。对于导热性或导电性，对于磁化，对于极化等来说，也都是一样的。

正是在思考到这些现象的因果关系时，皮埃尔·居里被引导去补足和扩展对称的概念。他认为这种概念对于一个现象出现于其中的介质来说是一种特有的空间状态。为了确定这一状态，必须要考虑介质的构成，还要考虑它的运动状态和它所从属的物理因子。因此，一个直圆柱体就具有垂直于它在其介质中的轴的一个对称面以及通过这个轴的无穷的对称面。如果这同一个圆柱体围绕着它的轴旋转的话，第一对称面就存在，但其他的就全都被取消了；如果这个圆柱体还被一股电流纵向通过的话，那任何对称面都保存不住了。

对于任何现象来说，有必要确定与它的存在相容的那些对称因子：在这些因子中，有一些可以与某些现象共存，但它们却并不是不可或缺的。必须要确定的是，它们中间的某一些并不存在，是不对称在产生现象。当好几个现象重叠在同一个系中时，不对称就自行增多。（见皮埃尔·居里《论文集》第一百二十七页）

正如上述结论所说的那样，皮埃尔·居里阐释了一种普遍原理，其《论文集》（第三十七页）在对这一普遍原理的研究上，达到其普遍性和抽象性的巅峰。如此得来的综合似乎是决定性的，似乎剩下的只是由此而去推论出它所包含的全部发展。

因此，应该确定每个现象的独特的对称，并把那些对称群分门别类地分开。质量、电荷、温度有着同样的称之为“标量”的对称，也就是圆球形对称。水流或单向电流属于矢量对称性，属于“极矢量”一类。正圆柱体的对称则属于“张量”一类。所有晶体物理学研究都可以按这种方法加以归类，但在这种方法中，不需要指定所研究的现象的具体情形，而只需观察它们的各物理量在几何和解析上的因果关系就可以了。

因此，对电场所产生的极化效应的研究也就等于是在研究两个矢量之间的关系，并列出一组含有九个系数的线性方程式。这种方程式中的各个系数的意义在于，对它们加以修改即可用来表示导体中的电流与电场的关系，或热流与温度梯度的关系。同样，在研究矢量与张量间的普遍性关系时，可以显示出压电现象的各种特性。另外，凡是属于晶体弹性的种种现象也都可以通过两组张量间的关系来决定。不过，这些张量通常需要三十六个系数才能表述出来。

通过这一简单阐述，我们可以了解到自然现象中所有的对称性在理论上的极大的重要性，而皮埃尔·居里以一种明白无误的方式表述了其深刻的意义。有必要在此提及，巴斯德也曾用同样的观点来观察生命，他说道：“宇宙是一个不对称的整体，因此我相信我们所见到的生命应该是受到宇宙不对称作用的影响的，或者说我们的生命是不对称性所产生的结果。”

随着他在学校里的工作逐渐进入有序状态，皮埃尔可以考虑重新进行自己的实验研究了。但实验研究的条件却并不理想，他没有自己专用的实验室，也没有一间空屋可资利用，而且研究经费也毫无着落，只是在学校工作了好几年之后，多亏舒赞贝格的支持，他才每年获得一小笔研究经费。另外，也是因为校长开恩，他所需要的实验器材可以从学校教学实验室的日常开支中划拨，而那所谓的日常开支经费实际上也是少得可怜。

至于实验场所，他只能占用一点点。他的一些实验是在学生们不用时的大课堂里做的。不过，最经常的是他到楼梯底下或学生实验室里去做自己的实验。他漫长而卓有成效的磁学研究就是在这种条件之下完成的。

这种不正常的而且明显是有损于皮埃尔的科学研究的状况倒也至少有其有利的一面，他正好可以更多地接触学生，他们有时候也能参加一些他的科学研究。

皮埃尔重新开始实验研究的目标主要是针对“直接称量最微小量的精密天平”这一高深的研究的。那是 1889 年至 1891 年间的事。这种天平摒弃了小砝码，代之以一个测微计，装在天平一臂的顶端，通过显微镜来读数。这种天平装有空气阻尼器，能使天平两臂的摆动迅速停止，然后便可立即读数了。它比旧天平大有改进，尤其是它的称量极其快速，而在化学分析实验中称量的快慢直接影响到精确性。因此，这种新式天平在化学分析实验室里颇受青睐。可以说，皮埃尔发明的这种天平的确是开创了天平制造业的新纪元。它的发明并不完全是靠经验，而是他先对阻尼运动进行了一番研究，在一些学生的帮助之下，绘制出一些曲线图表，证实了他的推论之后才获得成功的。

从 1891 年左右开始，皮埃尔·居里对物体的磁性与温度（从常温到 1400℃之间）的关系进行了几年的系统研究。研究的结果于 1895 年在巴黎大学的教师会议上以博士论文的形式宣读。皮埃尔以明确、简洁的语言叙述了他的研究目的及其结果。文章中写道：

> 根据其磁性，物体可明确地分为三类：抗磁性物体（指物体的磁化作用极其微弱，并且与铁在同样的磁场中的磁化极性相反）、弱磁性物体、顺磁性物体（顺磁体的磁化作用与铁相似，或为极强的磁化〔铁磁化〕，或为较弱的磁化。抗磁体系指物体的磁化作用极其微弱，并且与铁在同样的磁场中的磁化极性相反。——原作者注）。乍看上去，这三类截然不同。该项研究的主要目的就是在于探究这三种状态之间是否存在着一种过渡，能不能让某一种物质顺序经过这些不同的状态。为此，我研究了不同温度和磁场下的许多物质，并观察、测量它们的磁性。
>
> 我在实验中未能证实抗磁性物质与顺磁性物质在性质上有什么关系，但实验的结果却证实了磁性与抗磁性是由一些不同性质的原因造成的。相反，铁磁性物质和弱磁性物质的性质却有着密切的关系。

这项研究呈现出大量实验方面的困难，因为实验要求在温度达到1400℃左右的装置里测量出极微小的力（仅百分之一毫克的重量）。

正如皮埃尔·居里十分清楚的那样，他所取得的结果从理论上看具有极大的重要性。他从中得出了“居里定律”。根据这一定律，物体的磁化系数与它的绝对温度成反比。该定律极其简单，完全可以与盖-吕萨克的“理想气体的密度与其温度成反比”定律相媲美。1905 年，保尔・朗之万所发表的著名的磁学理论就采用了皮埃尔・居里的这一定律，并且从理论上进一步证实了抗磁性与顺磁性的不同起因。朗之万的研究，以及后来的 P. 魏斯的重要研究都完全证明了皮埃尔・居里所得到的结果是十分精确的。皮埃尔还在磁化强度与流体密度之间看出了相似状态，因为物质处于顺磁化状态可以与气态相比较，而铁磁化状态则可与凝聚状态相比较。

皮埃尔在这项研究工作中，尽力去探求尚不为人所知的新现象，认为这些新现象并非没有可能存在。他忙着寻找一种很强的抗磁性物质，但并未成功。他还在探究是否有一些能传导磁性的物质，是否磁性能像电荷一样呈自由状态存在。在这方面，他也未见到肯定的结果。他从未就这些研究发表过什么，因为他习惯如此这般地投入到对现象的追踪里去，往往无功而返，但他就是喜欢探寻意外的东西，从不考虑是否要著书立说。

这种对科学研究完全无私的激情使他并不专门想要利用自己最初的研究成果去写一篇博士论文。当他决心把刚完成的磁性研究方面的颇有见解的成果汇聚起来作为博士论文时，他已是三十五岁的中年人了。

我对他进行博士论文答辩时的情景记忆犹新。我俩当时已友谊甚笃，所以他邀请我去参加他的答辩会。评委由布蒂教授、里普曼教授和奥特弗耶教授组成。旁听者有他的朋友以及他的老父亲。他父亲为自己儿子所取得的成就异常高兴。我记得皮埃尔答辩时既简洁又明确，有条有理，深得评委们的赞赏。当评委们同皮埃尔你问我答地交流沟通时，我恍若在参加一个物理学的讨论会。那一天，小教室里似乎是在颂扬人类的崇高理想，这深深地打动了我。在忆及1883年至1895年间，皮埃尔·居里一生中的这一时期时，我们可以看到他作为实验室主任在学术上的成就。在这几年中，他成功地把实验室组织成为一个全新的教学单位，发表了一系列重要的理论性文章和一流的实验研究报告，还制作了一些十分精确的新仪器，而所有这一切都是在设备不完善、经费不足的情况下完成的。因此，我们可以认为他克服了青少年时期的怀疑与犹豫，规范了自己的研究方法，充分调动了自己非凡的才能。他在国内外声誉日增。在物理学会、矿物学会、电气工程师学会等学术团体的会议上，他常常把自己的研究成果拿出来与他人交流，并在各种科学问题的讨论中积极发表自己的看法，到会者无不全神贯注。

在这一时期高度评价他的外国科学家中，首先可以举出英国著名的物理学家开尔文爵士。他在一次科学讨论会上与皮埃尔进行了交流，自此，他就一直对皮埃尔既赏识又亲切。开尔文爵士在他的一次巴黎之行期间，参加了物理学会的一次会议。会上，皮埃尔谈到带有保护环的标准电容器的构造和使用。皮埃尔主张把保护环里的中央圆板用电池充电，而保护环则与地面连接，这样就可以用另一块电板上所感应的电荷作为计量用。尽管这种构造使电线的空间分布十分复杂，但它的感应电荷却可以用静电学中的定理加以计算。所运用的公式与普通电容器在均匀电场中所运用的公式一样简单。另外，照皮埃尔的办法，电容器的绝缘性能更佳。一开始，开尔文认为皮埃尔的推论不精确，但是，第二天，他不顾自己的高龄，礼贤下士般的亲自来到皮埃尔的实验室拜访年轻的实验室主任，同皮埃尔在黑板上展开了讨论。后来，他完全信服了，并且很高兴地称赞皮埃尔推论之正确（下附原作者所注内容——编者注）。

> 著名的英国物理学家开尔文在访法期间给皮埃尔写了一封信，摘要如下：亲爱的居里先生，非常感谢您周六的来信，我对信的内容十分感兴趣。如果明天上午十一点我到贵实验室拜访，您该不会不在吧？我有两三件事情想与您讨论讨论。我还想看看您所绘制的不同温度下铁的磁化带曲线图。
>
> 开尔文
>
> 1893 年 10 月

我们感到惊讶的是，皮埃尔·居里尽管成绩斐然，但十二年间一直担任着一个小小的实验室主任。这无疑是因为但凡无人举荐，无人关照，没有有权有势者帮助的人，是很容易被人遗忘的。还因为他深恶痛绝为达到升迁而四处奔走，求人帮忙。他素来性格独立，光明磊落，让他为了升迁而去活动，他是绝对做不出来的。因此，他只能屈就此职，每月拿三百法郎，与一个体力劳动者相差无几，勉强可以维持简单生活而已。尽管处境如此不佳，他始终没有放弃自己的研究工作。

为了自身利益，有些人往往会通过某些捷径来达到自己的目的。而真正拥有独立人格的人、拥有坚定信念的人，只专注于做事情本身，而忽略那些外在无足轻重的东西。

就这一问题，他曾在给我的一封信中写道：

有人告诉我说，我校的一位教授也许要辞职，如果这样，我就想接替他留下的职位。但是，任何职位都得自己申请。这可是件头疼的事，我实在不习惯做这种让人难堪的事情。我认为这么干，这么去听别人说三道四，真是没有比这更不像话的了。我很遗憾跟您谈及这种事。

如果说皮埃尔不喜欢强求晋升的话，那么他更是不求荣誉声望。在名誉、奖赏方面，他的态度尤为坚决，他不仅不相信它们有任何的用处，还认为它们有百害而无一利，谁要一门心思追求荣耀，必将自寻烦恼，而且还会把人的最崇高的目标放在了次要地位，这个目标就是为爱好而进行的科学研究，这是人类最高尚的情操。他的道德观念一向真诚而高尚，所以他的行为举止与他的思想保持着一致，从来就是言行一致，表里如一的。舒赞贝格曾想提议给皮埃尔授予共和国一级教育勋章。尽管获此殊荣会带来不少的好处，但他仍旧婉言谢绝了。他给校长舒赞贝格写信说：

我获悉您再次举荐我获取这一殊荣，不胜感激，但我诚恳地请您千万别这么做。如果您真的为我申请成功这一荣誉，那会使我处于尴尬境地，因为我已决心不接受任何荣誉了。请校长先生谅解我，取消您的提议吧，免得让我贻笑大方。如果您这是想向我表示您的关怀，那么您以前尽力让我无后顾之忧地从事研究工作就已经是对我的莫大关怀了，这远胜于为我去争取虚名。不过，对此我仍不胜感激。

皮埃尔从没违背自己的意愿。1903 年，政府曾经准备授予他“荣誉勋章”，但也被他婉言谢绝了。不过，尽管他并不愿为自己的晋升而四处活动，但 1895 年时，他还是获得升迁。法兰西学院知名物理学家马斯卡尔教授为皮埃尔·居里的才干所感佩，而且又听到开尔文爵士对他的高度评价，便向舒赞贝格竭力保荐，在物理和化学学校开设了一个物理学讲座，聘皮埃尔为教授，使他的才能得以充分地发挥。但是，在这一时期，皮埃尔缺乏研究经费的问题并没有因此而得到任何的改善。

Ⅳ 婚姻和家庭 性格与品德

导读

玛丽和皮埃尔因为共同的志趣走到一起，二人婚后生活充实而有趣。玛丽对皮埃尔的科研精神和为人处世的原则十分钦佩，也为他和蔼可亲的态度而感动。

我第一次遇见皮埃尔·居里是在1894年的春天，当时我住在巴黎，已经在巴黎大学读了三年了，并且已经通过了物理学科的学士考试（法国大学一般一、二年级为第一阶段，即基础阶段；三、四年级为第二阶段，即学士和硕士阶段；然后为第二阶段，大学博士阶段；以后继续深造，可取得国家博士学位），在准备数学学士学位的考试，与此同时，我开始在里普曼教授的实验室做研究。我认识的一位波兰物理学家十分敬重皮埃尔·居里，有一天，便邀请我们一起去同他们夫妇共度周末。

当我走进客厅时，正看见皮埃尔·居里站在朝向阳台的落地窗旁。我觉得他看上去十分年轻，尽管已是三十五岁的人了。他目光清澈，炯炯有神，身材修长，十分潇洒，给我留下了很深的印象。他说话慢条斯理、深思熟虑，态度率直，笑起来既庄重又有生气，让人颇为信赖。我们交谈起来，很快便十分投机。我们一开始谈的是科学问题，我很乐意问问他的看法。然后，我们便转到共同感兴趣的社会问题和人类的问题。我俩虽然国籍不同，但彼此对事物的看法却惊人的相似，想必这部分是我俩所生活的家庭环境有着某种相同的道德准则使然。

我们在物理学会和实验室再次相遇，然后他便请求允许他前来拜访我。我当时住在大学区的一幢楼房的七层，这是一座破楼，我因经济条件所限，只能住这种公寓。但我仍旧乐呵呵的。因为我已经实现了我多年的夙愿，能够在科学方面进行深造了。当时我已二十五岁了。皮埃尔·居里登门造访，见我住得这么差，对我表示了真诚的关怀与同情。这之后，他就经常跟我谈及他愿终生为科学研究而奋斗的梦想，并请求我能与他共同分享这种生活。但是，我一时还很难下此决心，因为假若此事成真，那就意味着我将与我的家庭、我的祖国分离，并放弃对我来说弥足珍贵的为社会服务的种种计划。我是在被蹂躏的波兰的一种浓重的爱国主义氛围中长大的，我想像许许多多祖国的青年人一样，竭尽全力为保存民族精神而贡献自己的力量。

假期开始，我离开巴黎回到波兰父亲的身旁，我俩的事也就搁下了。在分隔两地的这段日子里，我们鸿雁传书，彼此间的感情未减反增。

1894 年夏天，皮埃尔·居里给我写的一些信很有文采，热情洋溢。信都不长，因为他习惯了言简意赅，但是他的每一封信都在诚心诚意地表示着他对我的一片深情，希望我能成为他的终身伴侣。我对他的文字功底十分钦佩。没有谁能像他那样三言两语就把一种精神状态或一种境况表达出来，而且是用一种十分简朴的方式讲出事情的本质，给人以难忘的印象。他的信有几段我在这本小书中已经引述过了，其他的我以后还要引述。下面我先把他殷切希望我能成为他的妻子的几段引述一下：

> 我俩已经彼此承诺（是不是呀?）至少相互之间保持一种伟大的友谊。但愿您没有改变初衷！因为口头承诺并不算数的，而这种事又是无法强求的。然而，这又会是一桩美事，我斗胆地盼着我俩能相依相偎地在我们的梦想中度过一生：您报效祖国的梦、我们为人类谋幸福的梦和我们的科学之梦。在上述这些梦中，我认为最后的那个梦是可以实现的。我这是想说，我们无力去改变社会现状，即使有这种可能的话，我们也不知道怎么去做，凭一时想象去做，说不定会好心办了坏事，阻碍了社会不可避免的进程。而科学方面却不同，我们是可以做点什么的，因为这一领域脚踏实地。我们心里清楚，尽管这一领域很狭小，但我们必有所获……
>
> 我心急难耐地建议您十月份返回巴黎。如若您今年不回巴黎，我会非常痛苦的，不过，我这可不是出于一个朋友的私心才叫您回来的。我只不过是认为您在这儿学习更加有利，并且能够完成更加实在有用的工作。

根据这封信，我们可以明白，对于皮埃尔·居里来说，他的未来就只有一条路。他把自己的生命献给了他的科学梦。他需要一位与他一起去实现这同一个梦想的伴侣。他不止一次地跟我说，他之所以直到三十六岁都还没有结婚，是因为他不相信会有符合他的这一绝对条件的婚姻的存在的可能性。

二十二岁时，他曾在他的日记中写道：

> 女人比我们男人更喜欢为生活而生活。天才的女人简直是凤毛麟角。因此，当我们被某种神秘的爱情所驱使，想要进入某种反自然的道路时，当我们全神贯注于自然奥秘时，我们往往就与社会相隔绝，我们就常常要与女人去斗争，而这种斗争又几乎永远不是势均力敌的，因为女人会以生活和本能的名义扯住我们的后腿。

另外，从所引述的信中，我们可以看出皮埃尔相信科学，相信科学对人类有着无穷的力量，这种信念是坚定不移的。巴斯德说过："我坚定不移地相信科学与和平将战胜愚昧和战争。"皮埃尔与巴斯德可以说是看法太一致了。

这种认为科学可以解决一切的信念使得皮埃尔·居里很少积极参与政治。他深受其教育与信念的影响，向往民主思想和社会主义思想，但又不受任何党派理论的左右。另外，他像他父亲一样，一贯忠于公民应尽的义务。无论是在公众生活中还是在个人生活里，他都反对使用暴力。他在写给我的一封信里说：

如果有这么一个人，想用头去撞一堵墙，以便把墙撞倒，您对此人有何看法？这种想法可能是由一种非常美好的愿望导致的，但是，真的这么做起来，那就荒唐愚蠢至极了。我认为某些问题需要用一般的方法加以解决，而今天，不可用个别的方法去解决，人们一旦走上一条没有出路的道路的话，就可能干出许多坏事来。我还认为当今世界没有正义，强权政治，或者说经济强国才可能胜出。一个人累得半死不活，却过着悲惨的生活，这是令人非常气愤的事情，但是，并不是你一气愤，这种事情就消失了。这种情况可能会消失，因为人就是一种机器，从经济观点来看，让一部机器在正常状态之下而不是强制性的状态之下运转，才是上策。

他对待自己的内心活动如同观察普通事物一样，都有着一种清晰明确的认识。他一向认为最重要的是忠于自己真正的意愿，同时又尊重他人的观点。为了顾此而不失彼，就必须权衡轻重，该谦让的就谦让。尽管他尽量地在迁就，将矛盾缩小到最低限度，但还是无法完全避免出现矛盾，他因而常常感到苦恼。他在给我的一封信中写道：

我们大家都是情感的奴隶，都是我们所喜爱的人的成见的奴隶。我们也还得谋生，因而成了一部机器的齿轮。最让人难受的是，必须向我们生活的这个社会的种种偏见做出让步。让步的多寡则取决于你自觉强大还是弱小。如果你让步得不够，你将被碾得粉碎。如果你过分退让，你就是个卑鄙小人，你就会对自己感到厌恶。我今天已远离了我十年前所遵循的原则。那时候，我认为凡事都得极端，对周围环境绝不做任何的让步。我当时以为，一个人就应该展示其缺点，正如显示其优点一样。

这就是那个自己无钱无势却想着与他所遇见的一贫如洗的女大学生结成连理的人的思想状况。

假期后归来，我们之间的情谊日见亲密，双方都明白除了对方，谁都找不到一个更好的终身伴侣了。于是，我们决定结婚，并于 1895 年 7 月 25 日举行了婚礼。按照我俩共同的志趣，仪式极其简单，没有采取宗教形式的婚礼仪式，因为皮埃尔·居里不信仰任何宗教，而我自己也不是教徒。皮埃尔的父母对我表示了最诚挚的欢迎，我父亲和姐姐参加了我的婚礼，很高兴能认识这个我将成为其中一员的家庭。

我们开始时住的地方极其简朴，是一个三居室，位于格拉西埃尔街，离物理和化学学校不远。住所最大的优点是朝着一个大花园。家具很简单，是从父母家搬来的。由于经济条件所限，我们没有雇佣人，所以我几乎得包下全部的家务活儿，好在我在学生生活期间已经养成这一习惯了。

皮埃尔·居里的教师薪俸每年六千法郎，我们认为他不能做任何兼职，起码开始时不能兼职。而我则在准备年轻女子教师资格的考试，以便获得一个教职，1896 年我便通过了这项考试。我们的生活是顺应我们的科学研究来加以安排的。我们白天都待在实验室里，舒赞贝格允许我在我丈夫身边一起工作。

当时，皮埃尔正埋头于晶体形成的研究，兴趣大极了。他想知道晶体的某些面是因为生长速度不同，还是因为溶解度不同而造成特殊的发育与生长。他很快便获得一些有意思的结果（但他并未发表），但后来因为要继续放射性的研究而不得不中断了对晶体的研究，这使他常常感到遗憾。这一时期，我正忙于淬火钢磁化作用的研究。

皮埃尔·居里在学校教学时备课非常仔细、认真。他的这门课是新开课，没有硬性规定他做任何的教学大纲。开始时，他把他的课分为两部分——晶体学和电学。后来，他越来越觉得对于培养未来的工程师来说，电学理论课非常有用，于是他便专讲电学理论了，而且成功地把这门课列为正式课程（一共分为二十课左右）。在当时，他的这门课算得上是巴黎大学最完整最现代的课程。为了讲好这门课，他付出了巨大的努力，这是我每天亲眼看见的。他总是对种种现象、理论与观点的演变做出形象的全面阐释，务求讲解明晰、精确。他一直考虑要把自己的讲义编订成册，但终因事情太多，几年来一拖再拖，未能遂愿。

我们一直生活得亲密融洽，因为我俩对任何事情都有着共同的兴趣：理论工作、实验室的实验、备课或备考。十一年的夫妻生活中，我们几乎没有分开过，所以这一期间我们几乎没有只言片语的信件往来。休息日和假日，我们便徒步或骑车远足，或是在巴黎郊区的乡间田野，或是去海边或山里。皮埃尔心里装着工作，所以很难在一个没法工作的地方多待一段时间。只要是闲待了几天，他就会说："我觉得我们已经好久什么也没干了。"相反，他对一连几天外出郊游还是挺感兴趣的，玩得非常开心，那都是我俩一起去的，如同他从前与他哥哥一起玩时的快乐劲儿一样。即便如此，游山玩水也阻止不了他思考科学研究的问题。就这样，我们跑遍了塞樊纳地区和奥弗涅山区以及法国的海滨，还有几处大的森林。

生活在大自然的怀抱之中，美景到处呈现，令人难以忘怀，不免过后常常要回忆起这些情景来。有一天，阳光明媚，我们在长时间的气喘乏力的攀登之后，来到了奥布拉克高山草甸，空气清新，满目碧绿。还有一次也印象深刻，一天傍晚，我们流连在特吕埃尔山谷，忽闻一首民歌小调传来，接着只见一只小船渐渐驶近，顺水而下，歌声渐渐逝去，我们恍若置身人间仙境，乐而忘返，直到翌日清晨才回到住处。归来途中，突见一辆马车驶来，两匹马被我们的自行车惊吓，飞奔起来，我们赶忙下了大路，穿过翻耕过的田地而去，走了很久，到了高处，才又回到大路上来。这时，月亮似有似无，太阳即将喷薄而出，牛栏中的奶牛睁着温驯的大眼睛一本正经地看着我们。

春天的贡比涅森林令我们着迷，一片绿叶浓荫，望不到尽头，林间长满长春花和野葵，美不胜收，目不暇接；枫丹白露森林边缘、鲁安河畔对于皮埃尔来说也是赏心悦目的去处；我们喜欢布列塔尼海边的平静氛围以及它那长满一片片金雀花和欧石楠的田野，它一直延伸到菲尼斯代尔海角；海角犬牙交错，伸入永远在侵蚀它的汹涌波涛之中。

后来，孩子出世了，无法远游，只好选一个固定的地方度假。于是，我们尽量地生活简单，与偏僻村庄的居民几无二致，别人分辨不出我们来。我记得有一个美国记者有一天在普尔杜村找到我们时，瞠目结舌。当时我正坐在屋前石台阶上，忙着倒空鞋里进的沙子。不过，他愣了不大一会儿，也顺势坐在我的旁边，掏出记事本，记录我对他提问的回答。

皮埃尔的父母与我建立起了最真挚的感情。我们经常前往苏城去探望二老，皮埃尔婚前所住的房间永远空着等待我们去住。我同他哥哥雅克·居里及他的小家庭（他已经结婚，是两个孩子的父亲）也相处甚好，我把他看作我自己的哥哥一样，而且始终如此。

我们的大女儿艾莱娜于 1897 年 9 月出生，但没几天之后，皮埃尔竟痛失他的母亲，于是他父亲便搬来同我们一起生活。我们当时住在巴黎克勒尔曼大街一百零八号，蒙苏里公园附近的一所带花园的房子里，直到皮埃尔不幸去世。

孩子出生之后，我们的研究工作困难大增，因为我得腾出更多的时间操持家务。幸好，我可以把女儿交给非常愿意照看她的爷爷照料。家里添丁进口，又得请保姆，所以我们不得不动脑筋开源节流。然而，连续两年，经济状况都未见改善，因为我们一直在忙着研究放射性的问题。直到 1900 年，情况才见好转，但那是用牺牲时间换来的，我们原本可以用这些时间去搞科学研究的。

我们把一切社交应酬都排除在我们的生活之外。皮埃尔对这类应酬有着一种压制不住的厌恶。无论是年轻时还是后来，他都不愿意登门造访或拉关系。他生性严肃，不多言多语，宁愿一个人思考问题，也不愿与别人闲聊瞎侃。但是，他跟儿时的朋友们却关系密切，与对科学有着共同兴趣的朋友更是经常接触。

朋友中，关系最为密切的是里昂理学院的古伊教授。他同皮埃尔的交往始于两人同在巴黎大学做教辅人员的时候。后来，他们经常通信，讨论科学问题，每逢古伊到巴黎进行短暂停留时，他俩便经常在一起，讨论个没完。现任位于塞弗尔的国际度量衡标准局局长的纪尧姆也是皮埃尔的老朋友。他俩经常在物理学会相见，有时星期天，两人还去塞弗尔或苏城相聚。后来，在皮埃尔身边还聚集了一些更年轻的朋友，都同他一样是搞物理和化学研究的，属于这两门科学中最前沿的领域的研究者：他在放射性研究上的合作者和亲密朋友德比埃纳；他在X射线研究上的合作者乔治·萨涅克；他以前的学生、后为法兰西学院教授的保尔·朗之万；现为巴黎大学物理化学系教授的让·佩兰（一个物理学家，是居里夫妇的邻居）；物理和化学学校的学生、现为巴黎大学化学教授的乔治·乌尔班。他们中或这个或那个常到克勒尔曼大街我们的幽静住所来拜访，大家一起聊起最近的或将来的实验，讨论新的思路和新的理论，对于当代物理学的飞速发展感到振奋。

我们很少在家里聚上好多人，皮埃尔不喜欢这样。他认为少数几个人聚一聚更惬意，而除了一些学会会议以外，其他会议他很少参加。偶尔参加一次多人的交谈，如果谈话内容他不感兴趣的话，他就躲在一个安静的角落，独自一人继续他的思考。

我们与家里的亲戚来往也不多，我们双方的亲戚本来就很少，而且又相距太远。但是，凡是我的亲戚前来巴黎或者是在假期里来看我，皮埃尔对他们都非常亲切和蔼。

1899年，皮埃尔和我一起前往奥地利管辖下的波兰，我们来到喀尔巴阡山，我的一个姐姐住在那儿，她嫁给了德鲁斯基大夫，她本人也是学医的，他俩在那儿管理着一家大型疗养院。皮埃尔尽管不太喜欢学外语，但因为很想了解我所喜爱的东西，便想到要学波兰语了，我并未鼓励他学波兰语，因为我觉得这种语言对他并没有什么用处。不过，他对我的祖国有着深切的同情，认为将来一个自由的波兰一定会诞生。

在我俩的共同生活中，我逐渐地了解了我想了解的皮埃尔，对他的思想也日益看清了。他跟我俩刚结婚时我所梦想的一样好甚至更加好。他非凡的才能令我对他的崇敬感日益增加。他思想水平罕见地高，我有时觉得他简直就是一个无出其右的人，他毫无虚荣心和世俗观念——那是常人在自己身上和在他人身上常常看到的缺点，但在皮埃尔的身上却看不到。

这想必就是他身上散发出的无穷魅力之所在，与他相处，是不可能感觉不到这种魅力的。他沉思的面容以及那双炯炯有神的眼睛有着巨大的吸引力。后来，我又发现他和蔼可亲，性格温柔，他对我的吸引力就更大了。他有时会说他觉得自己一点也不争强好胜，这话倒是一点也不假。你很难同他发生争吵，因为他从不发火。他经常笑眯眯地说："我不怎么擅长发火。"如果说他的朋友不多，那他也没有一个敌人，因为他从不伤害别人，连不小心地伤害了别人都未发生过。但是，千万不能叫他背离自己的行为准则，因此，他父亲就老说他是个"温柔的固执者"。

当他表达自己的看法时，他总是率直坦诚的，因为他深信外交方式般的沟通通常是幼稚的，而直截了当才是既简单又上乘的方法。因此，他以天真率直出了名，其实他这么做是经过深思熟虑的，而不是出于本能。也许正是因为他懂得自我评判、自我反省，才完全能够清晰地看出他人的行为动机、意图和思想。如果说他会忽视一些细枝末节的话，那他在根本的地方是很少出错的。他常常心里存着他的坚信不疑的判断而不说出来，但是，一旦决定说出来、认为说出来更好时，他便会毫无保留地说出自己的看法。

在科学界的朋友中，他从不尖刻，不为自尊心和个人情感所左右。所有成功的实验他都会感到非常高兴，即使是在某一个他未领先的领域里的成功。他常常说："我虽没有发表研究成果而别人发表了，那又有什么关系呢?"他认为在科学上，大家应该关心的是事而非人。但凡想争拔头筹的想法都与他的情感格格不入，所以他连中学里的会考或排名次的方法以及授予荣誉证书的做法都坚决反对。对于那些他认为有能力从事科学事业的人他是不吝赐教、大加鼓励的，其中有一些人至今仍对他怀着深深的感激之情。

如果说他的态度是已达到人类文明巅峰的一个精英的水平的话，那他的行为举止则是一个真正的好人的行为举止，非常随和，乐于助人，宽容，谅解，这与他所受的教育是分不开的。他总是时刻准备着尽可能地帮助任何一位身陷困境中的人，并会为此而牺牲一部分他的宝贵时间，这可是他认为的最大的牺牲。他的无私是发自内心的，从不张扬，因为他认为钱财除了保证你有一个简单的生活以外，就是用来帮助他人和满足自己所喜爱的工作的需要。

他对他的亲朋好友的爱，我真不知如何才能描述清楚。他的朋友并不多，但一旦成为他的朋友，那他的友谊是最忠实最可靠的，因为它是建立在共同的思想观念的基础上的。他对他哥哥的手足之情以及对我的爱是多么的难能可贵呀！他温情脉脉，让人感到无比幸福甜蜜。在他的温情关怀下，真是妙不可言，但失去了这份爱之后，现实就变得更加残酷，让人难以忍受。我引用他的一段话来表达他对我怀着的深深的爱：

> 我想念你，你融进了我的生命之中，可我还想着你给我一些新的力量。我觉得我在把思想集中在你身上时——如同现在这样——我心里就能显现出你的身影，就能看到你的一举一动，就能让你感觉到我此时此刻已全部属于你了，但我却没能看见你出现在我的眼前。

上面是我俩那几次短暂的分别中的一次，他给我写的信里的一段。

我们对自己的身体状况都不太有信心，对在艰难的环境中体力是否支持得住也不太有把握。如同深知共同生活之宝贵的人们常常会出现的情况那样，我们时不时地会害怕有悲剧发生。每逢这种时候，他总是凭着自己的勇气说出同样的话语："无论发生什么事情，哪怕是一个人成了一个没有了灵魂的躯体，那另一个人也还是要努力地工作下去。"

V

梦想成真 发现了镭

导读

亨利·贝克莱尔发现一种奇特现象，这吸引了玛丽·居里。随后，皮埃尔也被吸引进来，为此他暂时放下手头的事，与妻子一起对放射性以及放射性物质进行深入研究。

我在前面已经说了，1897年，皮埃尔在对晶体的生成进行研究。我自己在暑假开始前，也完成了淬火钢的研究，因此而获得国家工业奖励协会的少量补贴金。九月份，大女儿艾莱娜出生。我身体恢复之后，又回到实验室继续工作，为博士论文做准备。

1896年，亨利·贝克莱尔发现了一个奇特现象。我们的注意力被吸引过去。当时，伦琴发现了X射线，所以有多位物理学家在探究荧光物质在阳光照射下是否能够发射出类似X射线的射线来。就此，亨利·贝克莱尔在研究铀盐时，竟然意外地发现了一个与他探寻的现象完全不同的现象：铀盐可以自发地发射出一种性质独特的射线。这就是放射性的发现。

亨利·贝克莱尔发现的现象是这样的：把铀盐放在用黑纸裹得严严实实的照相底片上，在暗处放上几天，结果底片上会显出一个影像来，与在日光照射铀盐的情况下所获得的影像相近。这种显影是由于铀射线穿过黑纸造成的。这种铀射线能够像X射线一样，使验电器放电，把验电器周围的空气变成导电体。

亨利·贝克莱尔深信，铀盐的这种特性与放在暗处时间长短无关，即使把它在暗处放上数日，其放射性的特性依然存在。因此，有理由要问，这种能量源自何处？尽管这种能量微乎其微，但它却是不断地从铀盐中放射出来的。我们觉得研究这个现象很有意思，尤其是这个现象是全新的问题，尚无人问津。我决心就这一问题展开探究。

为了进行实验研究，就必须有研究场所。皮埃尔获得校长的批准，把一楼的一间装有玻璃门窗的屋子腾出来让我使用。这间屋子原是一间储藏室，并兼作机修间。

为了对贝克莱尔所获得的结果做进一步的研究，就必须使用精确的定量测量。而铀盐辐射的射线在空气中产生的传导性是最适合于计量的现象。这种现象名为电离作用，X射线也有这种现象，而X射线的那些主要特性也是刚从电离现象获知的。

为了测量铀盐辐射经过空气时使空气离子化而产生的极其微弱的电流，我可以利用皮埃尔和雅克·居里兄弟俩发明的仪器，其方法是利用电离作用引起的微小电流所含有的电量，在一极灵敏的静电计中，与一压电石英结晶所得到的电量相平衡，从而计量出极微小的电流。这样，我们的仪器设备就必须有一个居里静电计、一块压电石英晶体以及电离室。电离室由一个平板电容器组成，其上板与静电计相连，而下板涂有薄薄一层需要计量的物质，下板还需要加上一定数量的电压。在潮湿狭小的底层使用这种仪器设备很不合适。

我的实验结果证实了铀盐的放射性是可以准确地测量的，而且这种放射性是铀元素的原子特性之一，其放射性的强度只与化合物中所含铀的数量成正比，并不受化合物的化学性质的影响，也不受外界的光和热的影响。

我开始研究是否还存在一些其他的也具有放射性性质的物质，于是我把当时已知的所有元素，无论是纯元素还是其化合物，全都分析研究了一遍。结果，我发现只有钍的化合物能放射出与铀相类似的射线。钍的放射性强度与铀处于同一水平，而且它的射线也是钍元素的特性。

自这时起，就必须想出一个新名称来确定铀和钍等物质所显示的新性质了。我建议用“放射性”这一名字，随后，这一名称便被广泛使用开来。具有放射性的元素就被称为“放射性元素”了。

我在研究的过程中，不仅有机会分析研究了一些简单化合物，如各种盐和氧化物，而且还分析了一些矿物。它们中有几种含有铀和钍的矿物也有着放射性，但其放射性似乎不太正常，因为其放射性的强度比纯铀或纯钍所具有的还要强。

这种反常当然令我们十分惊讶。当我十分肯定这不属于实验的错误时，就必须为这种反常现象找出一种答案来。于是，我就假定在含有铀和钍的矿物中一定含有少量的另一种元素，它的放射性比铀或钍的放射性更强。这种元素不可能是人们已知的元素中的一种，因为我们对已知元素都做了分析研究，这大概是一种新的化学元素。

我急不可耐地想尽快地证实我的这种假设。皮埃尔对这个问题也饶有兴趣，他把他的晶体研究搁下来——他还以为只是暂时地搁一搁呢——同我一道寻找这个新的元素。

我们选取了一种名叫沥青矿物的含铀矿石，它在纯净状态下，放射性比铀强四倍。

因为这种矿石的成分经过精确的化学分析后已经被掌握了，所以我们可以期待从中至少可以找到百分之一的这种新元素。后来，我们确实是在研究中发现了铀沥青矿物中含有一种新的元素，但其含量甚微，还不到百万分之一。

我们所使用的方法是以放射性现象为依据的新化学分析法。先用普通的化学分析法将铀沥青矿中的各个组成部分分离开来，然后再在合适的条件下，计量各个组成部分的放射性。用这种方法，我们就可以了解到一部分分析出来的放射性元素的化学特性，了解到这种放射性元素在一部分物质中的浓度在增强。不久，我们又发现未知的放射性元素主要集中在两种不同的化合物中，因此我们认识到在铀沥青矿石里，至少有两种未知的新放射性元素，于是我们便分别将它们称为钋和镭。1898 年 7 月，我们宣布了钋的发现，同年 12 月，我们又宣布了镭的发现（镭的发现是我们与贝蒙一起宣布的，因为他与我们合作做过实验。——原作者注）。

尽管研究进展较为迅速，但是这项研究还没有完成。我们认为，这两种新的放射性元素肯定是存在的，但是要让化学家们认可，则必须把这两种新元素分离出来。但是，在我们所获得的放射性非常强的（比铀强数百倍）化合物中，钋和镭的含量却微乎其微。钋与铀沥青矿石中所提取的铋相化合；镭则与钡相化合。我们已经获知用何种方法可以将钋和镭从铋和钡的化合物中分离出来，但是进行这种分离需要有大量的铀沥青矿石。

正在这一研究阶段，我们因缺少合适的条件而受阻：地方不够，资金缺乏，人手不足。

铀沥青是一种昂贵的矿石，我们无力购买足够的供研究用的这种矿石。这种矿石当时的主要产地在波希米亚的圣约阿希姆斯塔尔，奥地利政府在那儿开了一个矿，用来开采铀矿石。根据我们的推测，在提炼完铀之后抛弃的矿渣中一定会有镭和一部分的钋，而当时，这种矿渣被视为废弃物。多亏了维也纳科学院的帮助，我们用极少的钱购得了好几吨的这种矿渣，我们便把它们用作实验材料。一开始，实验的花费都是我们自掏腰包，后来才得到一点补助和外界的一点资助。

特别严重的问题就是场所，我们不知道什么地方可以让我们做化学分析。我们不得不选中一个废置的仓库，与我安置静电仪器的房间一院相隔，实验就在那儿做了。这间仓库是个木棚子，沥青地面，棚顶是玻璃的，由于年久失修，已破旧不堪，一下雨就漏。木棚子里只有几张破旧的松木桌子，一只烧不热的铸铁取暖炉，还有一块黑板，皮埃尔经常喜欢在上面写写算算。做化学分析难免会有有毒气体逸出，可木棚子里却无通风排气设备，所以有时又不得不搬到院子里去做。但是，一遇上刮风下雨，只好待在棚子里做实验，把窗户全都敞开。

在这个暂时的实验室里，我们几乎在没有帮手的情况之下干了两年，我俩一起既做化学分析，又研究我们所获得的逐渐增多的放射性提炼物质。后来，我们不得不分头进行：皮埃尔继续研究镭的放射性，我则做化学分析，以便提取纯净的镭盐。我要处理的原材料往往一次多达二十公斤，结果木棚子里到处堆放着装满液体和沉淀物的大容器，搬动它们，往里面倒水，以及用大铁棒搅动一口大铁锅里的沸腾的铀沥青矿渣，一搅就是几个钟头，真要把人给累趴下了。我从矿石中提炼出含有镭的钡化合物（其成分为氧化钡）之后，再利用分步结晶法进行分离、提取。最后，镭元素全部集中到最难于溶解的化合物中。必须使用非常精密的操作方法，才能完成这种结晶，而这在我们的那间木棚子里是很难实现的，因为里面灰尘、煤烟太多，不可能不影响结晶的纯净度。

一年后我们获得的结果清楚地表明，提取镭元素比提取钋元素要容易，因此我们便集中力量先提取镭元素。我们对提取出来的镭盐进行了旨在测定其放射性能力的研究。这些镭盐的一些样本我们还借给了好几位科学家使用（下附原作者所注内容——编者注），特别是亨利·贝克莱尔。

我想引述波尔森写给皮埃尔表示感谢的一信以资证明，因为自 1899 年起皮埃尔就开始给他提供放射性物质了。

尊敬的先生和同事：

我在冰岛北部收到了您于八月一日写来的信，不胜感谢。

我们先前计量一个固定导电体的某一点的电压时是根据其周围的空气来确定的，现在我们已放弃了这种方法，而改用您的放射性粉末的方法……

尊敬的先生和同事，请接受我的真心谢意，再次感谢您对我的研究工作的巨大支持。

亚当·波尔森

1899 年 10 月 16 日

于雅克雷伊

1899 年到 1900 年间，皮埃尔和我共同发表了几篇论文，一篇是关于镭产生感应放射性的发现的论文，另一篇是关于放射线的作用的，如发光、化学作用等，还有一篇是论述放射线所携带的电荷的问题。另外，还有一份关于新的放射性物质及其放射性的总的报告，是皮埃尔在 1900 年的物理学会大会上所做的。此外，他还发表了一篇关于磁场影响放射线的研究报告。

我们以及其他几位科学家在这段时期所取得的主要成果使人们认识了镭放射出的射线的性质，并展示了这些射线属于三种不同的范畴。镭放射出一些放射性的微小粒子束，其运行速度极快，其中的一些带着正电，构成α射线，其他的则更加细小，带着负电，构成β射线。这两组射线在运动过程中受到磁场的影响。第三组射线由γ射线组成，不受磁场的影响，今天，我们知道它是与光和X射线相似的一种辐射。

我们尤为感兴趣的是观察到我们所获得的含镭丰富的化合物都能自行发光。皮埃尔曾希望它们是五颜六色的，却没有想到它们有发光的特性，这大大地超出了他的期盼。

1900年的物理学会年会给我们提供了机会，好把我们新放射性元素方面的最新研究成果向国外的科学家们仔细地做一番介绍。这种新放射性物质成了本次大会参加者们关注的焦点。

由于这种意想不到的发现，我们这一时期全身心地投入到出现在我们面前的新领域的研究中去了。尽管研究条件不尽如人意，我们仍然感到十分的幸福快乐。我们整天待在实验室里，午饭也就随便凑合一下。在我们的破旧木棚子里，洋溢着宁静平和的气氛。有时候，在观察一次实验，等待结果时，我们便在木棚子里踱来踱去，一边谈论着当前与未来的研究。当我们感到冷的时候，就倒一杯火炉上烧着的热茶，暖和暖和身子。我们脑子里想着的只是实验研究，仿佛生活在梦境之中。

有时候，吃完晚饭，我们又回到木棚里瞅上一眼。我们的宝贝成果没地方收藏，全都摊放在桌子上和木板上。无论从哪个角度去看，都能看到它们那微微发光的身影，而似乎悬浮于黑暗中的这些幽幽亮光每次看了都让我们迷恋并感到无比激动。

原则上，学校没有给皮埃尔派助手。不过，皮埃尔在当实验室主任时有一个帮工帮他进行操作，现在仍旧继续帮他，只要他有时间来的话。这个诚实的人名叫佩蒂，对我们很有感情，很愿意帮助我们。由于他心地善良，而且对我们的成败十分关心，所以有他帮忙，省了我们不少的事。

一开始，放射性的研究是我们自己单独在做。后来，任务扩大，就越来越需要他人的合作了。1898 年，学校的一位实验室主任贝蒙就已经临时帮我们做过。1900 年左右，皮埃尔结识了安德烈·德比埃纳。后者是一位年轻的化学家，弗里代尔教授的助教，教授对他评价很高。在皮埃尔的提议下，安德烈·德比埃纳欣然同意参加放射学的研究。我们当时怀疑有一种新的放射性元素可能存在于铁族和稀土族元素中，就让安德烈专门搞这一研究。他终于发现了这种新元素，命名为锕。尽管他的这一研究是在巴黎大学让·佩兰教授领导下的理化实验室做的，但他却经常跑到我们的木棚实验室来看我们，不久，他便成了我们十分亲密的朋友中的一个，后来他还成了皮埃尔父亲以及我的孩子们的朋友。

大约在这一时期，一位名叫乔治·萨涅克的年轻物理学家在对X射线进行研究，他经常来我们实验室同皮埃尔讨论，他认为X射线和它附带产生的射线以及放射性物质所产生的射线之间，可能有着相似之处。他提议对此加以研究，于是他俩便一起对那些附带射线所携带的电荷进行了研究。

除了我们的合作者之外，我们在实验室里很少接待别人。在物理学家和化学家中间，不时地有这个或那个前来，或是来参观我们的实验，或是向皮埃尔求教，因为皮埃尔在物理学的多个领域已经颇有名气。他们一来，就到黑板前面进行讨论。这种讨论至今仍让人回味无穷，因为这些讨论能激发人们对科学的兴趣，让人奋进，同时又能激发想象力，帮助人们积极思考，而这并不扰乱实验室真正的宁静、肃穆的气氛。

VI

为争取工作条件而斗争
出名后的重负
国家的迟到的关怀

导读

皮埃尔和玛丽的研究条件相当艰苦，尽管如此，他们仍凭借着惊人的毅力和决心完成了对新元素的一系列研究。成名之后，各种荣誉随之而来，但皮埃尔渴求的只是一间实验室。就在他正处于研究的辉煌时期时，意外发生了。

尽管我们一心想着把全部精力都放到实验研究中去，尽管生活上克勤克俭，但是，到了 1900 年左右，我们还是不得不想点办法，否则生活难以为继。皮埃尔对在巴黎获得一个好些的教职并不抱太大的希望，尽管这种职位薪酬也并不丰厚，但是还是可以满足一个无其他经济来源而又要求不高的家庭的生活所需的。因为他没有进过巴黎高等师范学校，也没有踏进巴黎高等综合工艺学校，因此缺少这类重点大学对它们的毕业生的支持，这些支持往往是决定性的。本来，他可以凭借自己的业绩谋求的一些职位，都被别人抢占了，甚至根本没有人想起过他。1898 年年初，巴黎大学物理化学的讲座教席因主讲教授萨莱的去世而出缺，皮埃尔便去申请这一教席，但无功而返。这一失败让他坚信自己是无缘升迁了。1900年3月，他获得了巴黎高等综合工艺学校的辅导教师一职，但也只干了半年时间。

1900年夏天，突然传来了一个意外的消息：日内瓦大学聘请他担任物理学讲座的教授。日内瓦大学校长以极其诚挚的态度向他提出了这一邀请，并强调指出他将做出特殊的努力以请到皮埃尔这样一位非常有名的科学家前来他们大学任教。校长声称，待遇从优，还将为皮埃尔建立一个物理实验室，以满足我们的科研需要，而且还聘请我也到这个实验室来工作。这一建议当然值得好好考虑。于是，我们便去日内瓦大学参观了一下，并受到了极其热烈的欢迎。

要下决心前往日内瓦大学对于我们来说是一件关系重大的事。日内瓦大学向我们提供了丰厚的物质待遇，而且环境幽静，如同田园生活一般静谧。皮埃尔很想去，但是考虑到镭研究正是关键时刻，他最后还是婉言谢绝了。他确实非常担心，环境一变，镭研究就会中断。

正在这时候，巴黎大学P. C. N.（“物理、化学和博物学”的缩写）课程的物理课的教席出缺，皮埃尔便提出申请，由于不想让皮埃尔离开巴黎的亨利·普安卡雷的鼎力相助，皮埃尔获得了这一教席。与此同时，我也受到塞弗尔女子高等师范学校的聘请，去该校讲授物理课。

因此，我们便留在了巴黎，收入也有了提高。但是，我们的研究工作却受到了很大的影响。皮埃尔有两处教学任务，而P. C. N.的课是大课，学生很多，备课费时费力。

而我也得拿出许多时间去准备我在塞弗尔女子高等师范学校的课，还得组织同学们做实验，因为我认为她们的操作能力很不够。

皮埃尔在巴黎大学的新职位并未给他带来相应的实验室，只有一间小小的办公室和一间供他讲课的大教室。这间大教室在巴黎大学的一幢附属建筑物内，位于居维埃街十二号。可是，皮埃尔绝对需要独自进行研究，而且，他担任了巴黎大学的新职，更坚定不移地挑选一些学生，指导他们进行研究，因为当时放射性研究大有进展，不得不这样做。于是，他开始奔走，以便争取到大一些的可供实验的场所。凡是做过这类申请的人都十分清楚其中的艰难，什么行政审批呀、财政困难呀，不一而足，为了达到目的，你不得不一次一次地写信，四处奔走，求爷爷告奶奶的，让人心烦气馁，而皮埃尔又是最讨厌干这种事的，所以他被弄得精疲力竭，垂头丧气。此外，他还不得不经常在 P. C. N. 和我们一直占用的物理和化学学校的木棚实验室之间穿梭往来。

另外，我们的研究工作此刻必须用工业手段来处理原材料，否则就无法取得进展。由于有一些权宜之计和一些自愿相助者，这一问题总算解决了。

早在 1899 年，皮埃尔就成功地组织了第一次工业处理实验，用的是一种临时装置，是化学品研究中心提供的，他在制作精密天平时与该中心有过联系。对工业方法提炼镭的实验，他与德比埃纳在技术上做过细致的研究，所以正式实验时，效果很不错。当然，做这种化学实验必须培养一些专门人才，因为这种实验要求特别小心细致。

我们的研究工作起了带头作用，国外也开始了一些类似的实验。皮埃尔对此的态度是绝对的大公无私，慷慨大度。他征得我的同意，决定不从我们的发现中获取任何的物质利益，所以我们没有申请任何专利，而且毫无保留地公布了我们研究的全部成果以及提炼镭的方法。另外，我们还向那些对此有兴趣的人提供了他们所需要的所有资料。这对于镭工业大有好处，这一工业因此而在法国，继而在国外飞速地发展起来，为科学家和医生提供了他们所需要的产品。这一工业直到今天仍几乎一成不变地在使用我们所运用的方法（下附原作者所注内容——编者注）。

在我最近去美国的一次访问中，美国妇女界慷慨地馈赠我一克镭。布法罗自然科学协会送了一本会刊给我，以资纪念。这本刊物叙述了美国的镭工业发展情况，里面还刊登了皮埃尔答复美国工程师们的一封信的影印件。皮埃尔在信中对他们所提出的问题都详尽地一一做了回答。这是 1902 至 1903 年间的事。

尽管我们的工业处理原材料的方法取得了良好的效果，但是我们的能力有限，很难继续做下去。一位名叫阿尔梅·德·里斯勒的法国企业家对这一实验很感兴趣，1904 年时，他便想到兴建一座大的制镭工厂，向医生们提供这种产品，因为当时有不少的文章在介绍镭对生物和治疗上的效用，医生们对此很感兴趣。他的这一想法在当时可谓十分大胆。由于雇佣了一些已经在我们这儿接受过培训的人——特别是奥德潘和达纳——承担这种精细的工作，所以他的这一计划得以成功地实行。因此，镭便正式在市场上销售，但价格确实昂贵，这是因为其制作过程特别复杂，而且原材料的价格也立即被抬高的缘故（一毫克镭价值七百五十法郎左右。——原作者注）。我想在此深切感谢阿尔梅·德·里斯勒主动地向我们提供了他的帮助，大公无私地把他的工厂的一小块地方划归我们使用，还资助了一部分经费让我们在那儿进行研究。另外一些资金是我们自筹的或来自一些补助，最大的一笔是1902年由科学院给的，达两万法郎。

这样，我们便用我们以前所拥有的铀沥青矿逐渐提炼一定数量的镭，以供我们研究之用。由原矿石中提炼含镭的钡盐的过程是在工厂里进行的，而我则负责在实验室里的精炼和部分结晶的工作。1902年，我成功地提炼出一分克的纯氯化镭，因而可以获得镭元素的光谱。我第一次测出了镭元素的原子量，其数值大大高于钡的原子量。这样，镭在化学上成为一种新元素就被确认了，不再有人对此提出疑问。

我就此于1903年完成了我的博士论文。

后来，为实验室提炼的镭的数量增加了。1907年，我便可以对镭的原子量做第二次测定，这一次更加精确，测出的结果为225.35，现在所采用的镭原子量为226。我还与德比埃纳一起提炼出纯金属镭。我总共提炼的镭有一克多一点，在皮埃尔的赞同下，全部放在实验室里使用。

纯净镭的放射能力高于我们原先的估计。在同样重量下，纯净镭的放射能力要比铀的放射能力大一百万倍。以此类推，铀沥青矿石中所含的镭和铀的比例大约是三分克与一吨之比。

这两种物质之间关系非常紧密，总是在矿石中同时出现。今天，我们得知矿石中的镭是铀衰变而成的。

皮埃尔去 P. C. N. 任教后的那几年，对他来说是极其艰难的年月。他必须面对众多的操心事，忙得不可开交，而他又是个只有集中精力于一个固定目标才会觉得快乐的人。由于课程太多，体力消耗太大，所以他常常浑身酸痛，不堪重负。

对他来说，迫切需要的是减轻教学任务，节省体力，以利身体健康。因此，当巴黎大学矿物学讲座教授位置出缺时，他便决心申请这一职位，他完全有资格胜任的，因为他在这方面有很深的造诣，而且还发表过关于晶体物理方面的重要文章。但是，他却未能获得委任。

在这一艰难时期，他竟然以超常的努力完成并发表了好几项研究，有的是他独自做的，有的是与人合作完成的。主要有：感应放射性研究（有些是与德比埃纳合作的，有些是与达纳合作的）；镭射线与 X 射线在电解质液体中引起的导电性研究；镭射气的衰减律及镭射气与其沉淀物的放射性常数的研究；镭释放热量的发现（与拉波德合作）；镭射气在空气中漫射的研究（与达纳合作）；温泉产生的气体的放射性研究（与拉波德合作）；镭射线的生理影响的研究（与亨利·贝克莱尔合作）；镭射气的生理效应的研究（与布萨尔和巴尔塔扎尔合作）；决定磁性常数的仪器简介（与什纳沃合作）。

上述对放射性的种种研究都是基础研究，所涵盖的面非常广泛，其中有好几项是研究镭射气的。这种气体是镭产生的一种奇特气体，镭所具有的强烈的放射性大部分都是由它产生的。皮埃尔经过深入研究揭示了这种镭射气能自行衰变，继而消失，而且其衰变过程有自己一定的规律，不受外界的任何影响。今天，镭射气一般都是用细小的玻璃瓶来收集，医生们常用它来治病。从技术角度来看，用它比用镭来直接治疗更加方便。但是，医生们凡是要使用镭射气时，必须查阅数学图表，了解镭射气每天的衰减数量。镭射气虽然密封于细小的玻璃瓶里，照样要衰减的。有一些泉水之所以能治病，名气大振，也是因为泉水中含有少量的镭射气。

在皮埃尔的研究中，尤以镭可以产生热量的发现最为惊人。在通常情况下，镭的表面没有什么变化，但每小时所产生的热量足以融化与它本身重量相等的冰块。如果把这热量保护好不向外面消散的话，那么镭本身就会发热，温度可以达到10℃，比它周围空气的温度要高。这种现象与当时的科学实验数据是完全不同的。

最后，我不能不提及关于镭的生理效用的各种实验研究，因为它有明显的消肿作用。

为了验证吉塞尔刚刚发表的这项研究结果，皮埃尔主动伸出自己的胳膊，在镭的照射下放了几个小时。结果，皮肤受到伤害，像是灼伤一般，并且在向四周扩展，好几个月之后才复原。亨利·贝克莱尔在把一支装着镭盐的玻璃管放在西服背心口袋里时，也意外地被灼伤过。他跑来告诉我们镭对他的伤害时，又喜又怒地嚷叫道："我真爱它，可又恨它。"

皮埃尔在了解了镭的生理效应如此之大后，便着手与医生们合作，共同用动物进行实验。这些实验研究就是镭疗方法的起步点。开始实验用的镭都是皮埃尔提供的，目标是治疗狼疮以及其他一些皮肤病。就这样，医学上的重要分支——镭疗法，通常称之为“居里疗法”——便在法国应运而生，后来经一些法国医生（如丹洛斯、威克汉姆、多光尼西、德格莱等）的研究，这一疗法有了更大的发展（这些有名的医生都获得了企业家阿尔梅·德·里斯勒的鼎力相助，他向他们捐赠最初用做实验的必不可少的镭。此外，1906 年，他还创建了一座临床医学实验室，备有必需的镭，并且还赞助创办了一家名为《镭》的专业杂志，旨在研讨放射学及其应用。该杂志由达纳任主编。这是企业家自愿支持科学的一个典范，就是在今天也实属罕见，但愿这种支持越来越普遍，这样，企业家与科学家在合作中可以双双获益。——原作者注）。

与此同时，国外也在积极开展放射学研究，新的发现不断地涌现出来。好些科学家按照我们发明的新的化学分析法积极地寻找其他放射性元素。因此，人们便很快地发现了医学上经常使用的由大规模工业制造的新钍，以及放射性钍、镤、锕等放射性物质。现今，我们已经知道了三十多种放射性元素，其中有三种是射气。而镭在这三十多种放射性元素中仍占据着最重要的地位，因为它的放射性很强，而它的衰减蜕变在几年中却十分缓慢。

在放射学这门新学科的发展过程中，1903 年是特别重要的一年。这一年，在法国，镭的研究刚刚结束，皮埃尔便惊奇地发现一种惊人的现象：这种新元素能够散发出热量，而其表面却没有任何的损伤。在英国，拉姆塞和索迪宣布了一个重大发现：他们观察到镭可以持续不断地产生氦气，这就说明原子肯定是可以变化的。如果我们把镭盐加热到其熔点后密存于完全真空的玻璃管里，然后再加热，使它放出少量的氦气，我们便可以利用光谱仪来确定氦气的存在。这个重要实验反复做了许多次，镭可以放出氦气的论断完全得到了证实。它向我们提供了原子可以变化的第一个例证。当然，我们无法控制这种变化，但原子不可改变的理论却被推翻了。

这些情况以及我们以前所知的情况，经吕特福和索迪的综合概括，提出了一种放射蜕变的理论，今天已为大家所接受。根据这一理论，任何放射性元素，哪怕是它表面上没有任何变化，但其内部都在自行蜕变，蜕变越快，放射性就越强（放射性与原子变化的假设以及其他的一些假设早在吕特福和索迪证实之前，皮埃尔和我就已经预料到了〔参见《科学杂志》，1900 年，居里夫人〕。——原作者注）。

放射性原子的蜕变有两种方式：一是原子本身发射出一个速度飞快且带有正电的粒子，即 α 射线；二是原子本身发射出我们在现代物理学中已经非常熟悉的电子，即 β 射线。电子在速度不太快时，其质量仅仅是原子量的一千八百分之一，但当它的速度接近光速时，其质量将会大为增加。任何放射性原子，无论是以哪一种方式蜕变之后，剩下的原子就与原来的原子不再相同了。剩下的原子还会继续蜕变，一直蜕变到它不再具有任何放射性，成了一个稳定的原子为止。这种稳定的原子就是非放射性元素。

因此，α 射线和 β 射线都是由原子分裂而来的。γ 射线则不同于 α 射线和 β 射线，它是原子蜕变时所产生的一种辐射，与光相似。这些射线的穿透性能都很强，近年来一直被用作治疗的手段（吕特福最近利用 α 射线的内在能量把某些原子击碎，例如氮原子。——原作者注）。

因此，放射性元素有好几族，每一族中的放射性元素均由其前一个元素蜕变而来，而每一族中的原始的元素则为铀和钍。我们尤其可以证实，镭是由铀产生的，而钋又是由镭产生的。既然每个放射性元素都是由其母体所产生的，又自行蜕变并产生其他的放射性元素，那么，这些元素与其母体并存时，其数量就不会超过一定的比例。正因为如此，在原始矿石中，镭与铀的数量就有着一种不变的比例。

放射性元素的自行蜕变是按照一个被称为“指数定律”的规律进行的。根据这一定律，每一个放射性元素减少到它原来的重量的一半所需要的时间被称作“半衰期”，而每一个放射性元素的半衰期则是不会变的。知道了半衰期，就可以确定出某个元素是何种元素，绝不会有差错。各个元素的半衰期都不尽相同，而测定的方法也各有不同。铀的半衰期为几十亿年，而镭的则约为一千六百年，其射气的周期不到四天，在由镭射气直接蜕变来的元素中，有的半衰期甚至都不到一秒钟。这种指数定律有着一种深远的哲学意义，它表明蜕变是按照概率规律产生的。决定蜕变的原因至今还是个谜团，我们尚不清楚是由于原了外的偶然情况造成还是内部的不稳定性使然。总之，直到目前为止，不管用什么外在的干预都不会对这种变化产生有效的影响。

这层出不穷的发现推翻了我们所熟知的物理学和化学所遵循的各种科学观念。一开始，这些发现还受到质疑，但后来大部分科学家都热情地承认了它们的可信性。与此同时，皮埃尔的名声在国内外大振。早在1901年，法国科学院就授予他拉卡兹奖了。1902年，以前曾多次给予他极其宝贵支持的马斯卡尔鼓励他申请成为法国科学院院士。皮埃尔颇有难色，因为他认为遴选院士不应让其本人四处活动，拜访在巴黎的院士们。但是，在马斯卡尔的一再友好相劝之下，尤其是科学院的物理所早就声明全体同仁一致推荐他成为院士，所以他也就提出了自己的申请。但他却未能成功。直到 1905 年，他才最后被接纳为院士，但还不到一年的时间，他就不幸遇车祸身亡了。

1903 年期间，皮埃尔和我应英国皇家学会的邀请，一同前往英伦做关于镭的报告，受到了热烈的欢迎。他很高兴在伦敦见到了开尔文爵士。开尔文爵士一向对皮埃尔怀有深情，当时他虽然年龄很大了，但始终对科学保持着极大的关注。这位著名的科学家经常得意扬扬地把皮埃尔送给他的装着镭盐的玻璃瓶拿出来让人看。我们还见到了其他的一些著名科学家：克鲁克斯、拉姆塞、德瓦等。皮埃尔还与德瓦合作，发表了一篇关于镭在低温条件下放出的热量以及镭盐产生的氮气的研究报告。

几个月后，伦敦皇家学会授予皮埃尔和我戴维奖章。几乎与此同时，我们两人与贝克莱尔共同获得 1903 年度的诺贝尔物理学奖。鉴于我们当时的健康状况，我们未能参加 12 月份在斯德哥尔摩的颁奖仪式，直到 1905 年 6 月，我们才前往瑞典首都领取这一奖项，皮埃尔在仪式上发表了讲话。我们在那儿受到了热烈的欢迎，并观赏了瑞典夏季的美丽风光。

获得诺贝尔奖对我们而言是一件了不起的大事，因为这个新成立的诺贝尔基金会（1901 年成立）享有崇高的威望。而就经济方面来说，即使是一半的奖金，其数额也是很大的。这之后，皮埃尔在物理和化学学校里的教学任务便由保尔·朗之万替代了。朗之万是皮埃尔的一个学生，是一位很有才气的物理学家（保尔·朗之万写过两篇关于皮埃尔的生活与事业的长文，一篇登在《物理和化学学校校友联谊会年鉴》（1904 年）上，另一篇登在《当月》杂志（1906 年）上。——原作者注）。皮埃尔还聘请了一位教辅人员，帮助他搞实验研究。

然而，这幸福的大事由于媒体的宣扬立即让我们不堪重负，因为我们既不习惯又无此心理准备。每天来访者不断，信件如雪片般飞来，又是约稿，又是邀请做报告，应接不暇，浪费了时间，又弄得人困马乏。皮埃尔又是一个和蔼的人，不喜欢一口回绝别人的请求，但是他也很清楚，这样也不是个办法，不光他的身体吃不消，而且头脑的清醒、研究的思绪都被搅和了。他在写给纪尧姆的一封信中说："他们一个劲儿地要我写文章，要我做报告，如果一年一年就这么过去，即使那些请我写文章做报告的人也将惊讶地看到我竟然年华虚度，什么也没有干。"

在这同一时期，他在写给古伊的几封信里也发出了这种哀叹。古伊把这些信转交给了我，对此，我应向古伊表示诚挚的感谢。

> 如您所见，此刻幸运眷顾了我们，但是，这幸福的来临却也带来了无尽的烦恼。我们还从未像现在这样不得安宁。有些天，我们连喘口气的工夫都没有。可我们都是曾经梦想着远离人群，在荒郊野外生活的呀。
>
> 1902 年 3 月 20 日

亲爱的朋友，我早就想给您写信了。请您原谅我这么拖拖拉拉的。可您要知道我此刻过的是多么荒唐愚蠢的日子，您就不会责怪我了。您已经看到了，现在镭成了热门话题。这使我们一时间获得种种好运，声名鹊起，世界各国的记者和摄影师到处跟着我们：他们甚至把我女儿同保姆的谈话都当作新闻在炒作，连我们家的黑白花的猫也成为新闻明星了。此外，还有不少人请我们捐款。索要签名者、势利者、上等人，有时甚至还有一些科学家也都找上门来，弄得我们洛蒙街的家也不像个家了。而且，在实验室里也没法安心地工作。每天晚上还得回复大量的信。我真是不胜其烦，整天昏昏沉沉的。要是这么一番闹腾，让我获得大学的一个教席和一间实验室，那还算说得过去。可说实在的，教席之事尚在计划之中，而实验室一时半会儿也还是个没影儿的事。我倒是宁愿先有实验室，但里亚德院长却认为应趁这个热乎劲儿先建立一门新课程，而且先别明确大纲，与法兰西学院的一门课相似。这样一来，我年年都得编教材，那就会给我添很多的麻烦。

1904 年 1 月 22 日

我不得不放弃瑞典之行。您都看到了，我们已完全违反了瑞典科学院的规定。说实在的，我的身体实在太差了，稍稍多累一点都受不了。我妻子的健康状况同我一样。我想都不敢想过去的那些进行繁忙的研究工作的时日了。

说到研究工作，我现在什么也没做。每天讲课，指导学生，安装仪器设备，应付找上门来却又没什么要紧事的人，弄得我虚度年月，没干成一点有用的事情。

1905 年 1 月 31 日

我亲爱的朋友：

我们非常遗憾您今年没能前来我们家，但愿十月份能见到您。一个人如果不时常见一见朋友，最后就失去了自己最要好的、最亲密的人了，只好去见其他一些不相干的人，唯一的原因就是他们容易见到。

我们仍旧是忙忙碌碌，但没做任何有意义的事。我已经一年多没有搞研究了，可我也没有一刻半会儿是属于我自己的。很明显，我尚未找到防止我们的时间给弄得支离破碎的办法，可我必须找到它。从理性上来看，这可是有关生死存亡的大问题。

1905 年 7 月 24 日

我要讲授的课程明天正式开始，可实验室尚未充分准备好，所以心里挺不痛快的。上课的地方在巴黎大学校园内，可实验室却在居维埃街。另外，还有几门其他课程也在同一教室上，只有一个上午的课，我可以利用这间教室好好地备备课。

虽然尚未卧床不起，但健康状况却不很好，老觉得浑身无力，连实验研究也搞不了。我妻子则不一样，她倒是活蹦乱跳的。除了照顾两个女儿外，她还得跑到塞弗尔女子高等师范学校去教课，另外，还要到实验室做实验，真够她忙的。她每天有大半天的时间在实验室里指导实验和自己做实验，比我强得多。

1905年11月7日

总的来看，尽管有这样那样的外界干扰，但我们的生活通过我们共同的努力，仍同以往一样，简简单单，离群索居。将近1904年年末，我们家又添人口了，二女儿艾娃·德尼斯在我们的克勒尔曼大街的寓所里诞生了。皮埃尔的父亲一直同我们住在一起，来往的朋友也不多。

大女儿在长大，开始成为她父亲的一个小伙伴。皮埃尔对她的培养教育也很关心，而且一有空闲总要带着她去散步，特别是在假日里。他常常跟她正儿八经地交谈，回答她提出的所有问题，很高兴她的小脑袋瓜越来越开窍。

随着皮埃尔在国外的声望越来越高，在法国对他的崇敬虽然姗姗来迟，但总算是来到了。四十五岁时，他名列法国科学家的前茅，然而，在教学岗位上，他的地位仍然很低。这种不正常的状态引起公众的哗然。趁着舆论的这股力量，巴黎科学院院长里亚德提出在巴黎大学创建一个新的教席。在1904至1905学年里，皮埃尔被授予巴黎大学理学院的正教授头衔。一年后，他正式离开了物理和化学学校，由保尔·朗之万接替他的位置。

巴黎大学新设了教席，但开始时困难不小。开始的计划是只设讲座而无实验室。皮埃尔认为接受了这个新职位却有可能失去现在他所使用的聊胜于无的实验室，而又不可能有新的实验室给他，这是他所无法接受的。于是，他便给上级写信，决定不接受新职，仍留在P. C. N.。由于他的态度坚决，他获得了成功，除创立了一个新教席外，还给他划拨了经费，以创建实验室和聘请人员。实验室的编制是一名主任、一名助教和一名实验室杂役。实验室主任由我担任，皮埃尔对这个安排也颇为满意。

我们在物理和化学学校尽管条件艰难，但度过了幸福的实验研究的日日夜夜，现在一旦离开，不免有一种恋恋不舍之情。我们的那间木棚实验室尤其让我们割舍不下。这座木棚又存在了几年，但日益破败不堪，我们有时还去看一看它。后来，为了修建物理和化学学校的新校舍，不得不把它给拆掉，不过我们还是留了几张它的照片。拆毁的那一天，忠实的佩蒂通知了我。那时，皮埃尔已经不在了。唉！我独自一人跑去看了它最后一眼。黑板上，这个木棚的灵魂的人的笔迹仍留在上面，角角落落都留有他的印迹，物是人非，现实中的一切就像噩梦一样，我真想再看到那个高大的身影出现在我的眼前，真想再听到他那熟悉的声音。

尽管大学委员会通过了创办新讲座的决议，但是并没有考虑同时创建一个实验室，而实验室却是进一步研究放射性这门新科学所不可或缺的。皮埃尔仍旧留着P. C. N.的那个小实验室，并且还借用了学校里的一个独立的大教室，又在院子里搭建了两个房间的小屋和一个工作间。

一想到这是法国对皮埃尔的最后的照顾，不免让人感到唏嘘。一个二十岁便崭露才华的法国一流科学家却连一个可供实验研究的好实验室都没有，听起来简直是不可思议。当然，如果他能多活几年，他迟早会拥有自己满意的工作条件的，但是，他英年早逝，到了四十七岁时，却仍然未能如愿，这难道不让人痛心疾首吗？一个为了伟大的事业而无私奉献的科学家，因为条件所限而不能实现自己的科学梦，岂不令他抱憾终生吗？国家的巨大财富——它的优秀的孩子的才华、毅力和勇气——就这么无可挽回地浪费掉了，让人回想起来好不痛心！

皮埃尔脑子里一直想着能拥有一座好实验室。1903 年，当他声名大噪，他的领导们迫于压力，要求他接受荣誉骑士团勋章时，他坚持己见，婉言谢绝了，他像上次写信给物理和化学学校校长谢绝教育棕榈奖章一样，写信谢绝了荣誉骑士团勋章，其态度始终一成未变。我把他这封信中的一段话引述如下：

> 请代为向部长表示谢意，并请转告部长先生，我不需要任何的奖赏，只求能给我一个我所急需的实验室。

皮埃尔被聘做巴黎大学教授之后，需要准备开一门新课。讲课内容由他自己确定，范围很广，他有充分自由对教材进行选择。他利用这一良机回到了自己所喜爱的课题上来，把一部分教材内容选定为对称性定律、矢量和张量场研究，并把这些概念运用到晶体物理学中。他想着充实自己的讲课内容，使他的这门课能够成为晶体物理学的一个完整的课程，因为在法国这一课题尚少有人问津，所以更为有用。除此之外，他还讲授放射性，并阐述在这一新领域里的科学发现以及这些发现所带来的科学革命。

他备课十分繁忙，加之身体欠佳，可他仍旧继续在实验室里工作。实验室的组织管理在日益好转。由于地方扩大了点，他可以接收几个学生一起研究。他与拉波德合作，研究矿泉水以及泉水中释放的气体的放射性，并发表了研究报告，这也是他最后的一份研究报告。

此时，他的才华已经达到了登峰造极的程度。我们非常钦佩他对物理学理论的见解之深邃和精辟，以及他演绎之中肯和对基本原理理解之透彻。在对大自然的种种现象进行观察时，他天生就具有超凡的能力，再加上他毕生在从事实验研究，导致他有着令人叹服的独到见解。他像艺术家似的对待他试制的精密仪器，乐此不疲，欣赏有加。我有时因此取笑他，说他半年不弄出个新仪器就心痒难耐。他生来就好奇而又富有想象力，这使得他能够同时涉足不同的领域，改变研究课题时得心应手，其他人就很难做到这一点。

要发表研究报告时，他极其诚实、严谨、一丝不苟。研究报告即使十分完美，他仍旧要以审视的目光改来改去，字斟句酌，如果看上去不清楚的地方，必须弄得无可挑剔才肯罢手。下面是他在这一点上的说法：

> 在对未知现象的研究中，我们可以先做一些一般的假设，然后根据实验去一点一点地向前推进，这种按部就班的和稳妥可靠的办法当然是效果缓慢的。相反，我们也可以做出一些大胆的假设，先确定现象的机理。这种方法的优点是可以设想某些实验，特别是可以有利于推论，使之通过一种图像变得不那么抽象。反之，通过实验结果来寻找一个复杂理论，那是很难想象的。精确的假设虽然有着

一部分真理，但必然又存在着一部分错误。而这一部分真理即使存在的话，也只不过是一般性见解的一部分，有一天还得回过头来重新审视它。

尽管他会毫不犹豫地提出一些假设，但没有证实无误之前他是绝不会提前发表的。他讨厌仓促地发表研究报告，喜欢找很少的几位研究人员先平心静气地讨论讨论再说。当放射性研究处于高潮时，他却想到要暂时放一放这方面的研究，重新拾起他的中断了的晶体物理学的研究。另外，他还想要对一些不同的理论问题进行分析研究。

皮埃尔讲课时精益求精，认真负责，他认为无论是对课程的一般标准的要求还是讲课的方法，都应该以与实验和大自然的接触作为基础。当学院教授委员会成立时，他想让同仁们接受自己的观点，并发表声明：“科学教育应该是男子中学和女子中学的主修课程。”但是，他又说道：“这么一个建议不会获得通过的。”

皮埃尔生命中的这段大出成果的时期，可惜接近了尾声。正当他可以期盼今后的工作年月不再会像先前那么步履维艰时，他辉煌的科学生涯却戛然而止。

1906年，皮埃尔因为过度劳累而身体不适，于是我们带着两个孩子一起前往什弗勒兹山谷去过复活节假期。这是美妙温馨的两天假期，太阳暖融融的，加之在亲人们的身边休憩，皮埃尔心情放松、舒畅，他领着两个女儿在草地上嬉戏，与我谈论着当前与未来。

回到巴黎，他前去参加物理学会的一次会议和晚餐会。席间，他坐在亨利·普安卡雷身边，同他就教学方法谈了很久。当我们徒步回家时，他仍旧在继续大谈他理想中的文化，我对他的看法表示赞同，他显得很高兴。

第二天，1906年4月19日，他参加了巴黎大学理学院教授委员会会议，他同教授们诚恳地交谈了委员会应采取的方针。开完会出来，他正穿过多菲纳街，从新桥方向驶来一辆运货马车，把他撞倒在地，车轮从他头上碾过，脑骨碎裂，当场死亡。一个卓越的人就这么逝去了，人们寄存在他身上的科学希望随之破灭。在他的书房里，他从乡间采摘回来的水毛茛依然花开盎然，但主人却一去不复返了。

Ⅶ 民族的悲痛 成为圣地的实验室

导读

皮埃尔的不幸去世，给他的家庭带来巨大悲痛，也给法国和整个科学界造成了巨大损失。许多国家政要和科学家纷纷写信给居里夫人表示沉痛的哀悼。居里夫人在回顾丈夫的生平时，发出了令人深思的呼吁。

我不想在此多加描述皮埃尔的不幸逝世给我们家庭留下的伤痛。从我的这本小书的叙述中，大家可以想象得出，对于他的父亲、他的兄长和他的妻子，他是多么的宝贵。他是一位负责任的父亲，他深爱着自己的两个女儿，乐于照管她们，同她们嬉戏、交谈，可是她俩当时年岁尚小，无法理解这场悲剧对我们的重压。她们的祖父和我还得强压住心中的悲痛，不致使她们的童年因这场灾难蒙上阴影。

悲剧的消息令法国及世界各国的科学界惊愕不已。巴黎大学的校长、院长们以及教师们纷纷写信来表示沉痛的哀悼；国外的一些科学家的唁电信函也纷纷传来。皮埃尔在公开场合少言寡语，但仍给公众留下了深刻的印象，威望甚高。从我所收到的相识或不相识的私人寄来的大量信件中，就可以看出大家对他的去世的悲痛。与此同时，新闻界也都发表了大量的文章，表达深切的惋惜与悲痛之情。法国政府也发来了唁电。有一些国家的元首也以个人的名义发电表示沉痛的哀悼。（下附原作者所注内容——编者注）法国的一颗光芒四射的星星消逝了，举国上下都在哀叹国家的这一重大损失。

我只想从大量的唁电唁函中择选今已作古的三位伟大的科学家的信函内容。

夫人：

我急切地要向您表达我的深切悲痛。法国及其他各国同您一样失去了一位伟大的科学家。噩耗传来，我们无不惊愕无语！这样卓越的天才为科学和人类做出了如此大的贡献，我们本期盼着他做出更大的贡献，可转瞬之间，斯人已去，只留下空嗟叹……

我在旅途中突然获悉这一噩耗，恍若痛失了一位亲兄弟。以前，我并未觉得与您丈夫感情有多深，今天才感觉到了。

贝特洛

望您节哀顺变，夫人。

甲普曼

惊闻噩耗，不胜惊愕。我明天上午即返回巴黎，前往府上吊唁。

开尔文

于戛纳圣马尔丹别墅

我们遵照逝者一贯的心愿，丧事从简，把他的遗体葬在苏城小墓园的家族墓穴中。既无官方仪式，也无悼词。只有几位友人送他前往他的安息地。他哥哥雅克想到已不在人世的弟弟时，对我说道："他是个绝无仅有的天才，无人可与之比拟。"

为了保证皮埃尔的未竟之业能够继续下去，巴黎大学理学院让我接替他的教席。我十分荣幸地接下了他留下的这副重担，盼着有一天能够创建他朝思暮想而终未如愿的实验室，并使他人可以利用它来实现他的梦想，作为对他的深切缅怀。这一愿望现已部分地实现了，这多亏了巴黎大学和巴斯德研究所的共同倡议，得以创立一个镭研所，内设两个研究室——居里研究实验室和巴斯德研究实验室，旨在研究镭射线的物理化学特性和生物效用。为了纪念逝去的伟人，通向镭研所的那条街更名为皮埃尔·居里街。

然而，该研究所看来仍无法满足需要，因为放射学及其在医学上的应用在飞速地发展。现在，最有权威的那些人也认为法国必须拥有一个可以与英国和美国并驾齐驱的镭研所，以使镭更好地应用于治疗上，因为镭疗法已被认为是治疗癌症最有效的办法。但愿在慷慨而开明的人士的赞助之下，一个设施完备、规模很大的、无愧于我们国家的镭研室在几年之后能够诞生（下附原作者所注内容——编者注）。

这方面有了很大的发展，创建了一个医学治疗所，由雷戈医生担纲。另外，一个专门组织——居里基金会——已于1921年成立，以便把发展镭研所必需的资金聚集起来。第一笔捐给居里基金会的巨款是亨利·德·罗希尔德医生慷慨捐赠的。

为了缅怀皮埃尔·居里，法国的物理学会决定出版他的论文全集。这部全集由朗之万主编，是一卷本，六百页左右，于1908年出版，我为之写了一篇序言。这部单卷本论文集题材广泛，内容丰富，忠实地再现了皮埃尔的思想精髓。我们可以从中看到论文作者视野之广阔，实验之精确，结果之明晰而确凿，无可指责，堪称经典，只可惜他未能把自己的全部才华都展现于其中。他没有运用自己那科学家和作家的才情编写自己内容广泛的论文或书籍，没有著书立说，这并不是他不想这么去做，他在这方面甚至还有过不少的计划，可惜未能付诸实践，因为他劳碌的一生中困难重重，不得不与之抗争，无暇他顾。

现在，让我们总体上来看一看我写的这个传记吧。我是试图追忆一个不屈不挠地追求自己的理想的人，他的形象使人类感到光荣，他默默无闻地以自己伟大而纯洁的性格与天赋在为人类谋求幸福。他具有那些独辟蹊径、开拓新路的人的坚定信念，他知道自己有着一个崇高的使命要完成。他青少年时期的神秘梦想在不断地驱使着他，让他不要因循守旧，走上一条他称为反自然的新路，因为这条路对他来说意味着要抛弃温馨的生活。然而，他坚决地让自己的思想与欲望服从了自己的梦想，而且越来越完全地适应了这种状况，从必然走向了自然。他只相信科学与理性的平和的力量，所以一生中都在寻找真理。在研究自然现象和理解他人以及自己之中，他既无偏见也不固执己见。他无任何的功名利禄之欲念，淡泊权位与荣誉，所以他没有一个敌人。他严于律己，其卓越的精神面貌造就了他成为任何文明时代都会有的那种精英人物。他同历代的精英一样，能够通过自身的潜在力量对他人产生巨大的影响。

应该知道，这样的一种生活需要有多么大的牺牲精神。我们伟大的科学家在实验室里的生活并不是像许多人想象的那样是一首甜美的田园诗。它更经常的是与艰苦环境、与内心的欲念进行的一种艰难的斗争。一个伟大的发现并不是从科学家的头脑里呼之即出的，也不是像智慧女神密涅瓦从主神朱庇特的脑子里突然冒出来那样的，它是科学家日积月累的劳动成果。在成果涌现之前，有多少个日日夜夜是处于左右摇摆、犹豫不决之中啊，总觉得不会成功，好像大自然在跟自己作对，使人不免会沮丧失望但又必须鼓起勇气，继续坚持下去。皮埃尔从未丧失信心，不骄不躁，他有时对我说道："我们所选择的生活真是够艰难的。"

任何光鲜亮丽的人生背后都有艰辛的付出。在这个过程中，尽管也有暂时的迟疑和彷徨，但只要不忘初心，不畏困难，就会不断接近成功的终点。

但是，我们的社会对于这些才华横溢的科学家，对于他们为人类所做出的伟大贡献，又给了他们什么样的回报呢？这些追求理想的人，他们拥有自己必不可少的工作条件吗？他们在生活上是否没有了后顾之忧？皮埃尔·居里以及其他许许多多的科学家的例子表明，他们简直可以说是一无所有。而为了争得勉强说得过去的研究条件，往往要先消耗尽自己的青春年华和精力去为日常的琐事操心劳神。

我们的社会是个物欲横流、充满奢靡之风的社会，它不懂得科学的价值。它不懂得科学是它的最宝贵的精神财富，它也不太清楚科学是减轻人类生活负担、减轻痛苦的所有进步的基础。政府当局与私人的慷慨捐赠现在都还没有给科学以必要的支持与资助，以使科学家们能够完全有效地进行研究。

在结束这篇传记之前，我想引述巴斯德的令人赞叹的呼吁：

> 如果对人类有益的发明创造能够打动您的心的话，如果您在电报、摄影术、麻醉术以及其他许许多多的发明面前感到惊叹的话，如果您认为这些奇异的发明让别的国家占了先，因而感到嫉妒的话，那么我恳求您对我们称为实验室的这些神圣的地方多加关心吧。要求增加实验室吧，呼吁完善它们的仪器设备吧，它们是未来的圣殿，是财富和幸福的圣殿。人类的发展壮大，人类的生活日益变好，就是源自那儿。人类在那儿学会读懂大自然的杰作，进步的、宇宙和谐的杰作，而大自然的这些杰作往往又是凶残、疯狂和毁灭性的“杰作”。

但愿巴斯德的这番至理名言能够广为流传，深入人心，以便为人类谋求幸福的先驱者们将来在新的领域开垦“荒地”时不像今天这么艰难困苦。

Ⅷ 对皮埃尔·居里的评介文章选录

导读

皮埃尔的去世让很多人惊愕、悲痛，他们纷纷写下纪念文字。通过这些饱含深情的文字，我们可以更加了解一个科学家的伟大人生和思想。

我从已经发表的纪念皮埃尔·居里的文章中选择了以下几位著名科学家撰写的片段，以补充我的这篇对丈夫的记述。

亨利·普安卡雷

（在法国科学院的报告　1906 年）

居里是科学界和法国认为可以引以为荣的那些人中的一位。他年富力强，本可以创造更多更大的成就，他所做出的成绩就足以证明这一点。我们知道，如果他还活着的话，他是不会令我们失望的。他去世前的那个晚上（请原谅我提及这种个人的回忆），我就坐在他的身旁，他跟我畅谈了他的计划与理想，我非常崇敬他思想的深邃和丰富。物理现象经过他那明晰而独特的头脑思考之后，会出现一种新的面貌。因此，我觉得自己更加明白了人类智慧之伟大。但是，第二天，一切转瞬间便灰飞烟灭了，一个残酷无情的偶然让我们看到，伟大的思想在各种疯狂的暴力面前只占有多么狭小的一点空间呀，那些无情的力量横冲直撞，不知奔向何方，却又把路上遇到的一切碾得粉碎。

他的朋友们、他的同事们立即明白他们所受到的损失是多么的巨大，但悲痛远未局限于国内。在国外，最著名的科学家们也同我们一样感到惊愕和悲痛，向我们表达了他们对我们的这位同胞的崇高敬仰。在国内，每一位法国人，无论知识水平是高是低，都或多或少地痛感自己的祖国和全人类刚刚失去了一个光荣的儿子。

在物理学研究中，居里头脑缜密、细致至极，能够去粗存精，去伪存真，在别人很可能被引入歧途的错综复杂的谜团中找到正确的方向……

像居里一样的真正的物理学家们，是既不会主观臆断，也不会只注重事物表面的。他们善于透过现象看本质。

所有认识他的人都能体会到与他交往之真诚与愉悦，可以说，从他的温柔谦和、天真率直、思维敏捷中散发出巨大的魅力。在他的朋友们，甚至对手们面前，他总是礼让三分，他是那种人们所说的“可悲的候选者”，可是，在我们的民主政治中，争权夺利的候选者却不乏其人。

谁能想到这么温柔可爱的一个人却深藏着一颗不屈不挠的心呢？他在原则问题上绝不妥协，在绝对真诚的道德理想上也绝不妥协。这种道德理想也许在我们所生活的世界上显得高不可攀，但他却从不理解我们的软弱所满足的那微不足道的种种惬意、舒适。不过，他并没有把这种理想与科学割裂开来。他以身作则，向我们展示了高度的责任感可以源自对真理的淳朴的爱。他信仰什么神明无关紧要，因为是信心而非上帝在创造着奇迹。

杰尔内

（法兰西研究院）

一切为了工作，一切为了科学，这就是皮埃尔·居里的一生的概括。他的一生是伟大的发现众多、才华横溢的一生，致使他很快便受到了普遍的崇敬。正当他的研究工作臻于完善、步入巅峰之际，正当他在继续奋勇向前之际，1906 年 4 月 19 日，一个可怕的灾祸突然降临，令世人震惊、扼腕，使他的研究戛然而止。

那种种的荣誉并未冲昏他的头脑，他是而且将永远是我们这个时代的科学史上最了不起的一个人。他的同龄人在他的身上发现了一个既不屈不挠又大公无私的对科学忠贞不贰的光辉典范。一生像他那样纯洁而令人钦佩的人实属罕见。

让·佩兰

（《当月》杂志　1906 年 5 月）

皮埃尔·居里被大家称为大师，而我们很高兴也把他称为我们的朋友。正当年富力强之际，他却突然离我们而去。

……他是一个伟大的天才，真诚、随和、冷静、大胆，任何东西都无法束缚他的思想，也无法阻遏他奋勇向前，他向我们展示的是一个完美的形象，完美的榜样。我们还要说，他具有崇高伟大的心灵、聪明才智和高尚的品德、最高尚的无私以及至善至美结合在了一起。

但凡认识皮埃尔·居里的人都知道，与他在一起，你就会不自觉地产生那种急于工作，急于研究，急于弄个水落石出的感受。我们将把这种感受广为宣扬，以此来更好地缅怀他。我们还将从他那张苍白但英俊的面庞上探寻那种使得接近他的人力量倍增的感召力的秘密。

C.什内沃

（物理和化学学校校友联谊会　1906 年 4 月）

必须记住居里对他的学生们的深情厚爱才能明白我们的无法弥补的损失是多么巨大。

我们中间有些人对他不无道理地崇拜至极。就我本人而言，除了我的家人之外，他就是我最爱戴的一个人，因为他懂得如何以一种极大的、细心的爱去关怀我这个卑微的助手。他对人和蔼可亲，他的助手们都非常崇敬他。当实验室里的学生们听见噩耗时，一个个都泪流满面，痛不欲生。

保尔·朗之万

(《当月》杂志　1906 年 7 月)

每时每刻我都在思念着他，想着此刻他该来了，来同我们聊起他正在搞的科学研究，想着同他在一起工作的情景，他那和善沉思的面容、明亮的眼睛、宽大漂亮的额头，那是二十五年的实验室工作中坚持不懈的研究、实验和简朴的生活磨炼出来的。

他在实验室里工作的情景仍历历在目。我在他身边工作了十八年，从一个胆怯、笨拙的新手开始，跟着他学习实验研究。往事浮现，一成未变，他的身影恍若就在眼前。

他身边满是各种仪器，大部分是他自己构思或改进的，他运用起它们来驾轻就熟，那物理学家的长大的白皙的双手动作之灵巧，令人望而歆羡。

我作为学生走进他的实验室时，他只有二十九岁，但在实验室里度过的整整十年时光使他做起实验来游刃有余。尽管我们才疏学浅，笨手笨脚，但一见到他那副成竹在胸的坚定神态、腼腆但坦然的表情，并得到他细心的指教，我们便心中有底，不慌不忙地跟着他认真做起来。在实验室里，我们干起来心情愉快，觉得在他身边干活儿非常有劲儿。在那间摆满了形状千奇百怪的仪器设备的明亮大教室里，我们常常走近他的身旁向他讨教。有时候，他也允许我们同他一起进行特别精密的操作。

我学生时代最美好的回忆也许就是在实验室里的这段时

光，我站在黑板前面，听他兴致勃勃地同我们交谈，启发我们的想象力，激起我们对科学的热情与爱好。他的探索精神很强而且极富感染力。他知识面广而扎实，唤起了我们对科学知识的渴求。

我在此把这几篇文章汇集在一起，是希望以此作为一束鲜花奉献在他的墓前，向他表达我的尊敬之情，并希望能够让一位人类天才的典范和品德高尚、思想伟大的人的形象更加光辉闪亮。

他像是一个感悟真理的先知，完全摆脱了羁绊，全身心地向往理性和真知。他给我们做出了榜样，我们只要以追求理想为自己的生活目的，以自由和正直的精神鼓舞自己勇往直前，实事求是，求真务实，我们就完全可以像他一样达到尽善尽美的精神境界。

附：亲人已离去 空留思念情——居里夫人日记（一九〇六年至一九〇七年）

导读

皮埃尔突然离世，对居里夫人来讲是人生最大的悲痛，也是对她科学事业的沉重打击。她陷入对丈夫的深切怀念中，无法自拔。然而生活还在继续，她在悲痛中重拾着生活的勇气和信心。

1906年4月30日

亲爱的皮埃尔，再也见不到你了，我真想在这静静的实验室里跟你说说话。我真没有想到我会独自一人留在实验室里而不见你的身影。我想先回忆一下我俩一起度过的那最后的日子。

复活节前，星期五，我去了圣雷米（居里夫妇春天或夏天会在此地小住一段时间），那是4月13日，我想这对艾莱娜（大女儿艾莱娜当时八岁半）有好处，而且，保姆不在，带着艾娃（二女儿艾娃于1904年

12月6日出生）也方便些。我记得你上午在家里来着，我还让你一定在星期六晚上赶到我们母女处。我们去火车站时，你便去了实验室，我还怪你连再见都忘了跟我说一声。第二天，我一直在圣雷米等着你，生怕你来不了。我让艾莱娜骑上自行车去迎你。你们父女俩一块儿回来了，艾莱娜在哭，原来她摔倒了，膝盖磕破了。可怜的孩子，你的膝盖好了，可是替你换药的父亲却永远离开了我们。我见到你与我们在一起非常高兴。你双手向火，那是我特意为你在客厅里生上的，你看见艾娃也学你的样儿伸出手去靠近火揉搓，开心地笑了。我们做了你爱吃的冰激凌。我俩带着艾娃在我们的卧室睡了。你跟我说你喜欢这张床而不怎么喜欢巴黎的那张床。我们像平常那样蜷缩着靠在一起睡，我还把艾娃的一条小头巾给你盖住头。艾娃睡在我们床边的摇篮里。半夜里，她醒了，我在摇她，你也想起身帮忙，可我没让。第二天，天气晴朗，你一起床就跑到门外观赏田野风光。然后，我们全家一起前往下方的那个农场去买牛奶。你看见艾娃专找不平的地方走，在路上跳跳蹦蹦，你可高兴了。噢，我的记性真差，把一些细节给忘了。我们看见了一些正在开花的荆豆，十分惊讶。后来，你替艾莱娜把车座弄高了一点，午饭过后，我们三人骑上自行车前去波鲁瓦尔山谷。天气好极了，我们在一个池塘边停下，这池塘位于大路穿过山谷另一边的凹处。你指给艾莱娜看一些植物和动物。可我们很遗憾，没有分得太清楚。然后，我们穿过米隆拉萨拜尔，到了草地。我们采摘野花，同艾莱娜一起仔细地研究其中的几枝花。我们还掰了几枝开着花的十大功劳（一种常绿灌木）的枝干。我们还用你非常喜欢的毛茛粗条做了一个大花束。第二天，你还把这个毛茛花束带回到巴黎呢，你人已西去，可花束却仍盛开着。回来的路上，我们在一些倒伏的大树干前停下来，你教艾莱娜在上面两脚倒换着单脚交替行走。我们回到了家里，你犹豫着不想回巴黎，你觉得懒懒的，我便让你留下别走了。第二天，在巴黎殉道街有个饭局，你很犹豫，你宁可与我们母女待在一起。夜里有点没睡好，因为艾娃有点哭闹，但你并没有不耐烦。第二天，你仍旧懒懒的；天气极好，天空蔚蓝，清澈透亮。上午，你坐在不远处的草地上，艾莱娜拿着一个破网在捕捉蝴蝶，你认为她一定捉不到，可她却捉到了一只，可把她给乐坏了，但我还是说服她把蝴蝶放飞了。我依偎着你坐下，然后又横躺在你的身上。我们这样可真是惬意得很，感觉你有点懒洋洋时，我心里有点难过，但我却感到你很幸福。最后的那段日子，我经常有这种感觉，但再也没有什么可以搅乱我们的平静生活了。与我亲爱的伴侣在一起，我感到踏实、平静、温馨，我感到我的生命属于你。我的心充满着对你的爱，我的皮埃尔，感到依偎在你的身旁，沐浴在暖融融的阳光下，望着山谷美景，我好幸福，我什么也不缺了，也别无他求。这给我的将来以勇气与信心，可我当时并不知道对于我来说，已不再有未来了。

艾莱娜喊热，我便替她把毛衣脱了，她穿着蓝色针织长裤在草地上疯跑，脖颈和胳膊露着，跑回家里去找她的外衣。我俩看着她那迷人的小模样儿，真是幸福极了……

我给你盖上一条毯子让你在屋外休息。我们得往上方走，去上面的那座农场。你想跟我们一起去。我担心你累着，不过我却挺高兴，因为我不愿意同你分开。我们慢慢地走着。

你盯着艾莱娜，怕她一脚踩空，摔下山去。到了山上，我们让艾莱娜和保姆艾玛去农场，我俩则带着艾娃向右拐，去找我们记得的那个长满荷花的池塘。池塘几近干涸，没有什么荷花，但是荆豆却正在开花，我们非常喜欢。我俩轮换着抱艾娃，主要是我在抱。我们在一个磨坊旁坐了下来，我把外面的罩裙脱下来，让你垫着坐在地上。你说我这是疯了，斥责了我一顿，但我不听你的，我担心你席地而坐会着凉。艾娃挺会来事，在逗我们开心。艾玛和艾莱娜终于往我们这儿走来了，我们老远就看到了艾莱娜穿着自己的那件布外衣。天色渐晚，我们穿过树林，抄近路下山。在林中，看到了长春花和紫罗兰，赏心悦目。

一回到家，你就想马上走。我心里好难受呀，但我又不能不让你走。任务在身，不得不走，于是，我便匆匆地让你吃了晚饭走了。

第二天，我们待在圣雷米，直到星期三才离开，坐的是两点二十分的火车。天气很冷，还下着雨。未曾想正是这个鬼天气要了你的命。我是想让孩子们在乡下多待一天的。我真后悔，这一天我没有待在你的身边。星期三晚上我去实验室找你。我是从那个小门进去的，从窗户上看见你穿着罩衣和长袍，在仪器旁忙乎着。我走了进来，你对我说你觉得这种天气待在圣雷米也没什么意思。我回答说，这倒也是，我是为了两个孩子本想在那里多住上几日的。你去我工作的那间屋子拿你的大衣和帽子，而我则在仪器旁边等着你。你拿了大衣、帽子回来后，我们便往富瓦伊奥家去了。路上，谈起那些无法推辞的邀请，我们觉得这些邀请有点让我们厌烦，而我则说我是否可以不去赴晚宴。这将是我最后一次同你一起吃晚饭。我们进到主人家，同鲁宾斯夫人聊了几句后，我便入席，坐在了你的附近。我们坐在长桌的一角，亨利·普安卡雷坐在我俩中间。我跟他聊起应该用一种更加贴近自然科学的教育来替代文科教育，我跟他谈到了我们很感兴趣的那篇文章。我的皮埃尔，我们在圣雷米还读过这篇文章，对吧？然后，我觉得自己说得太多，有点不好意思，就想法让你接着说，因为我总觉得什么事经你一说总要比我说要有意思得多。在我们共同生活的无论什么场合，我对你，对你的才智始终都怀着这种坚定不移的信心。于是，谈话转到艾莎皮亚（当时十分有名的通灵者，一些科学家，包括居里夫妇在内对他都很感兴趣，观看过他的通灵表演）及其通灵现象上来。普安卡雷微笑着表达不同看法，他一向对新的事物持怀疑态度。而你，皮埃尔，却在为种种现象的真实性辩解。你在说话时，我一直看着你，对你的俊秀的面庞、朴素而动人的话语、灿烂的笑容欣赏不已，这是我最后一次听你阐述自己的观点。

晚宴后，我们直到临走时才又会合在一起。我们向火车站走去，好像是同朗之万和布里伊乌安一起去的车站。我们回到家里，我记得走到楼前时，我们还在谈论那个我们非常关注的教育问题。我跟你说，我们与之交谈的那些人不了解我们的观点。他们在自然科学的教育中只看到一种常见事实的展示，他们并不明白，按我们的看法，这事关对孩子们进行热爱大自然、热爱生命、认识生命和大自然的教育的问题，你同我一样，都觉得我俩之间实在是灵犀相通，心心相印。那一时刻，我记不清了，你是不是跟我说（反正你多次对我这么说过，我的皮埃尔）“我俩在各种问题上真的是所见略同”，或者类似的话语，只不过具体的词语我现在一时想不起来了。

于是，我便回答你说："是的，皮埃尔，我们是天设地造的一对。"或者类似这样的话语。唉，这生死离别的一天的情况，我怎么老记不住呢？艾玛告诉我艾娃身体有点不适。我替你脱掉皮鞋，免得声音太响。夜晚，她醒来了，我只好把她抱在怀里哄着。然后，我把她放在我俩中间躺下，我跟你说，这样她会暖和一些，你就劝我不要着急，孩子没什么大事，然后你还亲了她好几下。她一会儿工夫就又睡着了，我就把她抱到她的小床上去睡了。艾莱娜也被艾娃吵醒了，但不一会儿就又睡着了。第二天早晨的情形我就记不太清了。艾玛进来，你责怪她没管好家（她要求过增加工资）。你出去了，走得急匆匆的，我在照看两个孩子，你走到楼下还在问我去不去实验室。我回答你说我也不知道，还请你别勉强我。听我这么一说，你就走了，我跟你说的最后一句话竟然不是一句温馨甜蜜的话语。再见到你时，看到的竟是你的遗体……

我走进客厅，有人对我说："他不行了。"我能听得明白这种话吗？皮埃尔不行了？今天早上走的时候他还是个大活人呀！我可是想着晚上等他回来好拥抱他的呀！可我见到的竟然是他的遗体，他永远地离开了我们。我不停地呼唤着你的名字："皮埃尔，皮埃尔，皮埃尔，我的皮埃尔……"可是，我怎么也未能把你呼唤回来。你永远地离去了，给我留下的只有痛苦和绝望。我的皮埃尔呀，我等得你好苦呀，别人把从你身上找到的东西——你的自来水笔、名片夹、钱夹子、钥匙、手表（那表在你脑袋被撞破时仍然走着）——给我拿了来。连同几封旧的信和几张纸，这就是你给我留下的所有一切。这就是我原本打算与之白头偕老的温柔体贴、心心相印的爱人给我留有的一切。

你是晚上被抬回家来的。我冲上马车去吻你那没怎么改变的面庞。然后，你被抬放在楼下房间的床上。我又吻了你，你身子并未僵硬，而且几乎还是热乎乎的，我便吻了吻你的手，它仍然可伸可屈。别人让我出去，因为要替你脱去衣服。我懵懵懂懂地就出来了，我不明白我当时是怎么了，竟然傻到没明白应该由我来替你脱去你那血迹斑斑的破碎衣服呀，其他人谁也没权利去脱的，谁也不应该触碰你，我当时怎么就没有明白过来呢？完了之后，我才明白过来，我立刻冲进房间，久久地待在你的身旁，抚摸着你的面庞，不停地吻着你的面庞。

真是阴郁愁苦可怕的一天。第二天，雅克赶来了，他哭成了个泪人儿。然后，我同雅克两人不停地回到房间里来看你，别人劝开，我们随即就返回来。雅克走近你身旁时第一句话就是："他是个绝无仅有的天才，无人可与之比拟。"我与雅克的心情一样，有他在，我心里宽松多了。我俩一起守在我们最爱的人身旁，我俩一起悲叹，我俩一起在看那些旧信和他的日记。啊！你走了之后，我好伤心呀。

皮埃尔呀皮埃尔，你躺在那儿，宛如一个可怜巴巴的伤员，头上裹着纱布睡着了。你的面容仍旧是那么温柔、宁静，好像是耽于梦境之中，走不出来。我以前称之为"贪馋的"你的嘴唇，青灰灰的，没了血色。你的短小的胡须是灰暗的。你的头发几乎全被裹住了，因为那儿是伤处，我还能看到右边额头上有露出来的骨头。啊！你当时一定是疼死了！你一定是血流如注！你的衣服上全都是血。你的头撞得好厉害呀！那可是我经常用双手捧着抚摸的头呀！我还吻了你的眼皮，你以前常常闭上，把头伸过来让我吻它们，你的动作熟练极了，我至今依然记得，但今后就逐渐地要淡忘了。我的记忆已经有点模糊不清了。我有多少次在诅咒我的记性呀，我竟然对见过的东西都想不起来了！很快，我就只能去看你的遗像了。啊！我要是具有画家或雕刻家的记忆力该多好呀，那我就可以让你活灵活现地出现在我的眼前，你的音容笑貌就永远不会消失，始终不变地停留在我的脑海里。

我很伤心地感觉到，我所写的这一切都很平淡，反映不出我对那悲惨的时刻真真切切的感受。

我思想恍惚，如何才能从悲痛之中走出来，化悲痛为力量呢？

1906 年 5 月 1 日

我的皮埃尔，你走了，人去楼空，这座房屋好生凄凄惨惨戚戚呀！房子的灵魂飘逝，物是人非事事休，欲语泪先流。

星期六上午，我们把你装殓，我托住你的头，把你放进棺木。你肯定是不想让其他人来托住你的头的。我吻了你，雅克和安德烈·德比埃纳也吻别了你。我们在你那已经冰凉但始终是我们的挚爱的脸上印下了最后的一个吻。然后，在你的棺木里放了几束鲜花以及你总爱说是“乖巧的小女生”的我的那张你非常喜欢的小照片。这张照片将在墓穴中陪伴着你，因为这是你看了它而相中的伴侣的那张照片，这是有幸让你爱上并愿与你同甘共苦的那个女人的照片，而这个女人你也就只见过几次，你就下定了决心要娶她为妻了。你曾经多次对我说，这是你一生中第一次毫不犹豫地就下定决心的事，因为你绝对相信自己的决定是完全正确的。我的皮埃尔，我认为你没有弄错……我们生来就是要一起生活的，我们的结合是必然的。唉，这生活本该更长一些的呀。

最后的吻别后，你的棺木被盖上了，我再也看不到你了。我多么想再看上你几眼呀，可我又不会允许别人再把它打开来。我把鲜花撒满在棺盖上，然后在旁边坐了下来。我几乎一刻也没离开它，直到别人把它抬走。在这之前，我独自守在你的灵柩旁，额头贴在上面。我痛苦悲切地在跟你絮絮叨叨。我对你说我爱你，我一直是真心实意地在爱着你。我对你说这一点你是知道的……我把自己的全部生命毅然决然地献给了你。我答应你，你占据了我的心灵，我永远也不会把你占据的位置让给别人，我将像你所希望的那样坚强地生活下去。我觉得我的额头与棺木的冰凉的接触之后，一种平静和理智油然而生，让我又鼓起了生活的勇气。这是一种幻觉还是一种能量的积蓄？这能量是源自你，是集中在盖住的棺木之中，经过这种冰凉的接触，传导到我的身上了。

送葬的人们进来了，一个个面带悲容，静寂肃穆，我看着他们，但并未跟他们说话。我把你送到苏城，看着你下到那个深深的墓穴。大家悲伤地围着墓穴绕了一圈，然后，别人就想把我们带离。但我们——雅克和我——不肯，我们想看着别人把墓穴盖上，在上面放上一束束的鲜花。一切都结束了，皮埃尔长眠于地下了，一切、一切全都结束了。

皮埃尔，你讨厌烦琐的仪式，我只让大家默默地向你致意，没有大事铺张，你一定满意我这么做吧？我敢肯定，你更喜欢这样悄然地离去，无须哭天抢地，无须悼词颂扬。你向来就喜欢宁静。在圣雷米度过的最后那两天中，你还对我不停地说，这种宁静的生活太好太美了。

我不知道当天晚上和夜里是怎么度过的。第二天，我把一切情况都对艾莱娜说了，她一直待在让·佩兰家里。直到这时我才告诉她你头部受到了重伤，不能让她看到。我们在为她的亡父守灵时，她还在邻居家开心地玩耍呢。当我跟她说的时候（我坚持要亲自告诉她，因为这是我作为母亲的责任），她一开始还听不明白，我走了，她一句话也没说。但是，随后，听说她就哭了起来，吵着要来找我们。回到家来，她大哭了半天，然后又去了她的小朋友们家里，想法忘掉这一切。她没有问任何详细情况，开始时，她害怕提到她父亲。她大睁着惊恐不安的眼睛看着大家穿着的黑衣服。重又回到家里来睡觉的第一个晚上，她是在我身边睡的，第二天早晨醒来时，她迷迷糊糊地伸出胳膊在摸我，伤心地问："妈妈没死吧？"现在，她看上去好像是没再想这件伤心的事，但是她又把我拿掉的挂在她房间窗户旁的那张她父亲的照片要走了。今天，在给她的堂姐玛德莱娜写信时，她没有谈及她的父亲。她很快就将完全忘了她的父亲，再说，她以前就知道她父亲是个什么样的人吗？但是，失去了这么一位父亲，对她的一生会是一个重负。我们也永远弄不清这一损失对我们造成了多大的伤害。我经常梦见我的皮埃尔，我经常对他说，这个像他一样善于思考、安安静静的女儿很快就会成为他的工作伙伴，她的最优秀的部分是皮埃尔遗传给她的。除了你以外，还有谁能给予她这些优秀品质呀？

我的哥哥姐姐也赶来了，他们真好。大家在这座屋子里聊了很多聊了很久。我们深感你已不在，我的皮埃尔，你可是讨厌吵吵嚷嚷的呀。艾莱娜同她的伯父、舅舅玩耍；在整个这段时间，艾娃在屋子里蹦蹦跳跳，无忧无虑地玩着、笑着、叫着，大家都在说话。可我，我的心灵的眼睛却看到皮埃尔躺在灵柩里，我的心在流血。我觉得自己快要把这悲惨的记忆抹去了，过去的深深的爱已一去不复返了。但是，实际上，我的悲伤在日益加深，我沉湎于内心的那个幻影之中。

现在，家里安静下来了，雅克和我哥哥走了，我姐姐明天也要走了。我身边的人在渐渐地遗忘往事。至于我，有的时候几乎完全处于一种无动于衷的麻木状态，而让我感到非常惊讶的是，我有时还可以专心搞研究。但是，完全平静的时候仍很罕见，特别是那种缠绕心头的悲伤总也挥之不去，而且还惴惴不安，有些时候，奇怪的念头会突然冒出，以为所发生的事只不过是自己的一种幻觉，觉得你马上就要回来。昨天就是这样，大门关上时，我以为是你回来了。

我与姐姐一起，把出事那天你穿的衣服全都烧了。我把那沾满血迹和脑浆的衣服剪成碎布条，投进火里。你想象不到，我会不怕恶心，凄凉悲切地去吻你身上留下的唯一的这一切。我想沉醉在自己的痛苦之中，把苦酒喝尽，让你的苦痛全都折射到我的身上，哪怕是让我心碎也在所不惜。

我像是被施以催眠术似的在街上走着，什么也不考虑。我不会去死的，我甚至连自杀的念头都没有动过。但是，在这车水马龙中，就没有一辆车会让我分享我的挚爱的命运吗？

你去世后的那个星期天上午，我第一次去了实验室，是同雅克一起去的。我试图计算一个弧，我俩曾一起各画了这个弧的一些点。但干了不大一会儿，我就觉得无法继续下去。这间实验室是否充满着悲伤，怎么像是一个荒漠？有时候，我觉得我什么都不去想，我可以干活儿，但是，突然之间，悲从中来，沮丧气馁，无法继续。

他们主动提议让我接替你的课并主持你的实验室。我同意了，皮埃尔，我不知道我这么做好还是不好。你常对我说，你想让我在巴黎大学上点课。我还真是想做些努力继续工作。有时候，我会觉得只有这样我才能更好地活下去，可又有的时候，我觉得我这么做简直是疯了。我曾经多少次跟你说过，如果你不在了，我可能就不会工作了。我把自己科学研究的全部希望都寄托在你的身上了，可我现在没有了你，却竟敢想要单独地干起来。你曾对我说，我的想法不对，我"仍旧必须继续干下去"。可是，你不是曾经不止一次地对我说，你若是没了我，你也许会继续工作，但是，你将只是一具没有灵魂的躯壳了？我的灵魂已随你而去，你让我去哪儿再找一个灵魂呀……

1906 年 5 月 7 日

我的皮埃尔，没有了你的日子，真难熬呀，一种无缘无故的焦虑、一种无穷无尽的忧伤、一种无限无垠的悲情，久久地缠住我不放。自从你走了之后，十八天过去了，我无时无刻不在思念你，除了睡着了的时候。醒着的时候，我每时每刻都在想你，我越来越没心思想其他事情，因此也无心去想工作。昨天，自那悲伤的日子之后，我第一次被艾莱娜的一句滑稽的话给逗乐了，但是，在笑的时候，我的心好疼呀。你还记得吗？在你母亲去世后没几天，你笑过，你好自责呀，你用悲伤的口气告诉我说："我亲爱的，'小熊'我当时笑过。"我尽量地劝解、安慰你，当时，我俩是在格拉西埃尔街卧室床上坐着来着。我的皮埃尔，我没完没了地、一刻不停地想念着你，我的脑袋都想得要裂开来了，我的神志恍惚，昏然不清。我无法理解为什么没有了你我今后得独自一人活下去，再也见不到你，再也不能对着我温情的终身伴侣、我情深意笃的忠实爱人微笑了。

你还记得，当我生两个女儿时，身体不适，你是怎么照顾我的吗？

……我的皮埃尔，我爱你，现在没有了你，我真的不知道怎么活下去。两天来，我看见树木长叶子了，花园里美极了。今天早上，我还在花园里看着两个孩子玩耍，她们真像是小天使。我在想，要是你在的话，也会觉得她们像是小天使的，而且你也会喊我观赏开了花的迎春和水仙的。昨天，我去墓地了。墓石上刻着"皮埃尔·居里"，我总也没弄明白是什么意思。阳光灿烂，田野秀美，可我看了却很难受，于是，我把面纱放下来罩住脸，透过黑纱看外界。我还在想，你待在苏城的这片墓地比待在其他任何地方都要安静……

我的皮埃尔，一想到你亲切的面容，我的心就揪起来，我只觉得我的痛苦都能把我的心揉碎，都会结束我那没有了你的生命。

我英俊的、善良的、亲爱的皮埃尔！啊！我多么想再看见你，看见你那温情的微笑，看到你的亲切的面容，听见你那低沉而温柔的声音，我多么想像我们以前经常的那样紧紧地搂抱在一起。皮埃尔，我无法也不想这么活下去。这种日子是没法过的。你这么一个最不会伤害别人的人，最正直的人，最心地善良的人，最忠诚的人，就这么走了。啊，皮埃尔，我没有足够的泪水能够痛哭这一切。我的脑子不够用，无法回忆这一切，我能做的、能感受的所有一切在这样的一个灾祸面前都成了枉然……

我试图重新活下去，可我却觉得那是一种幻想，而且还是一种不完整的幻梦。在我的内心深处，潜意识在告诉我这事确实已经发生，我这是在自欺欺人，这样更糟。不过，我感觉到，如果我在工作中要是有一点成功的希望的话，那就必须是我在工作时不再去想自己的不幸。但是，眼下，我不仅觉得自己办不到，而且一想到这么做我就感到厌恶。我觉得，失去了你之后，在我的生命终结之前，我永远也不再会开心地笑了。

1906 年 5 月 11 日晨

我的皮埃尔，我挺好地睡了一觉起来后，感觉平静了一些。可是，不到一刻钟之后，我又像一头野兽似的要咆哮起来。

1906年5月14日

我亲爱的皮埃尔，我想告诉你，金雀花开花了，紫藤、山楂、鸢尾也都开始吐蕊了，你要是在的话，一定想观赏一番，再晒晒太阳。我还想告诉你，我已受聘接替你的教席，有些不知趣的人还因此而向我表示祝贺。可是我仍沉湎于悲伤之中，不知道自己会变成什么样子，也不知道如何去承担你留给我的重任。有时候，我觉得自己已经麻木，不知痛苦了，但转瞬之间痛苦复又回来，而且更加剧烈，更加难耐。

我想告诉你，我已不再喜欢鲜花也不再喜欢阳光了，看见它们我就觉得痛苦伤心。阴暗的天气里我反倒觉得好受一些，就像你逝去的那一天的天气那样。我之所以还没有憎恨晴朗的天气，那是因为我的两个孩子需要艳阳高照，风和日丽……

星期天上午，我跑到我的皮埃尔的墓地去了。我要让人做个墓穴，把棺木移放进去。

我白天全都待在实验室里干活儿，这是我所能做的全部事情。我在实验室要比在其他任何地方感觉好受些。我逐渐地感觉到，同你在一起的生活是永远也不可能了，我的皮埃尔，这一切都属于过去，而且离我越来越远了。留给我的只有悲伤与气馁。我不再去想任何能让我自己快乐起来的事，也许除了科学研究之外。现在对于科学研究我也仍然提不起兴趣来，因为即使我获得成功，但你却一无所知，我还是会伤心的。不过，这间实验室还是使我幻想着自己在保留你生命中的剩余部分以及你留下的足迹、印迹。

我在天平旁边发现了你的一张小肖像，当然是出自业余爱好者之手，绝不是杰作，但是那甜美的笑容让我看着不免心里一阵激动，悲从中来，开始啜泣抽噎，因为我再也看不见你那甜甜的笑容了……

1906年6月10日

哭泣的次数少多了，我的悲痛也减轻了一些，但是，心里仍存着悲情。我周围的一切都毫无生气。日常琐事都会引起我的一番激动，让我想念起我的皮埃尔来。我故意在使自己与世隔绝，让大家都把我忘掉。即使如此，我的脑子也仍然空空荡荡。家务、孩子和实验室倒是让我经常操心挂虑，但我无时无刻不在想我已失去的皮埃尔，只是我又无法完全集中起思想来想念他，我老是要着急地想集中起注意力来。我看见他被装殓，放入临时墓穴。他离我那么近，我真想再看看他。这口装着我在这个世界上最亲爱的人的棺木，令人遗憾地被放在了地底下。我好想奔向墓地去呀。在那儿，我靠近皮埃尔，可以更平静地去集中思想。我在承受生活，但我想我永远也不再可能享受生活，尽管有给我留下的这一切，因为我天生不是一个快活而平静的人，我只是依靠着皮埃尔的镇静沉稳才从中汲取了勇气，可这个源泉业已干涸。

你是魅力、高尚和天赋的化身。在认识你之前，我还从未见过一个像你这样的人，而认识你之后，我也再未见过一个像你这么完美的人。如果我没有认识你的话，我就永远不会知道世界上会有你这样好的人……

1906年11月6日

昨天，我上了接替皮埃尔后的第一堂课，心里好难受呀！你要是在，看见我在巴黎大学讲课，你会多高兴呀，而我也会很高兴地替你上课的。可是，取你而代之，啊，皮埃尔，能想象得出有比这更残酷的事吗？我心里在流血。我感到一点劲头都提不起来。我只觉得一切生活的能力在我身上全都消失殆尽，只有抚养两个孩子的义务和继续完成已接受下来的任务的意愿在支撑着我。也许还有着那种欲念，想要向世人，特别是向我自己证明你曾经钟爱的那个女人真的有着一定的价值。我也存有一种模模糊糊的希望——可惜只是很微弱的希望——就是你也许将会知晓我在痛苦中挣扎，在努力地生活，你将会为此而感激我，这样我也许在另一个世界（假如有另一世界存在的话）里能更好地面对你。这样的话，我就会对你说，我竭尽全力，以便无愧于你。现在，这就是我生活中的唯一的想法。我不再可能想到为我自己活着了，我既无这种欲望也无这种能力，我既不再觉得生机勃勃也不再觉得年轻，我甚至连什么是快乐或乐趣都搞不清了。明天，我就年满三十九岁了。既然我已决定不再为了我自己而活着，也不再为此而做任何事情，那我就把我可能还剩下的一点时间用来至少是部分地完成我加在自己身上的种种任务吧。

去上课之前，我一大清早去了一趟墓地。在你的坟前沉思良久。我已好长时间没来了，因为在圣雷米小住了一段，而且还得备课。当我住到苏城来时，我想多来这里，因为我觉得在这里我可以更静静地想念你，而在别处，生活琐事常常打扰我。

1907年4月

都一年了。我为他的两个孩子，为他的老父亲而活着。痛苦埋在心间，但总在隐隐作痛。生活重担沉甸甸地压在我的肩头。要是能一直睡着不再醒来该有多美呀！唉，两个孩子还太小！我感到我是多么的慵倦疏懒呀！我还会有勇气写下去吗？

延伸阅读

本书名言记忆

1. 无疑，人的一生中总会有一些主要的思想和某些深刻的感受在影响和支配着他，使其生活沿着一条主线往前走。

2. 社会中的每一个人如果得不到很好的教育，不具备良好的素质，是不可能建立起一个美好的社会的。

3. 一个人在条件不甚满意的情况下，仍是可以想法改善条件，心情愉快地工作。

4. 国家处于危难之中，每个人都应尽可能地为自己的国家分忧解难。

5. 人们一旦走上一条没有出路的道路的话，就可能干出许多坏事来。

6. 在科学上，大家应该关心的是事而非人。

读书笔记

通往成功的路

——读《居里夫人自传》

杨小曼

居里夫人是举世闻名的科学家，她在放射性物质方面的研究具有开拓性意义，给人类打开了认识物质世界的新大门。她是为数不多的成绩卓著的女科学家，是跨越物理和化学两个学科、两次获得诺贝尔奖的科学家，这在科学史上非常罕见。

除了科学研究，居里夫人对医学的贡献也很大，她在第一次世界大战期间培养专业人才，推广X射线治疗设备，挽救了大量伤病员的生命。在她的影响下，她的大女儿艾莱娜也成为一名科学家，同样获得了诺贝尔化学奖。这种种成就和殊荣让我们觉得居里夫人是一个传奇人物，她有着不可思议的能力和智慧，有我们无法企及的辉煌人生。然而读完这本传记，我们则会有另一番思考。

玛丽和皮埃尔都出生在普通家庭，没有雄厚的资产，也没有强大的社会背景，他们拥有的只是对科学的热爱以及对科学研究的浓厚兴趣。在家人的支持和培养下，他们在科学道路上刻苦钻研，不畏困难，攻克了一个又一个难关，并最终取得了辉煌成就。

玛丽因为家庭困难，成为一名家庭教师，以补贴家用。但这时的玛丽没有放弃，她完成了物理和数学的自学内容，并时刻准备继续深造。我们常说机会是给有准备的人提供的，玛丽·居里就获得了幸运女神的青睐，当家庭情况发生变化、条件具备时，她顺利地进入巴黎大学攻读学位。

巴黎求学的生活相当清苦，住在狭小寒冷的阁楼里，每天吃简单的饮食，但这都不影响玛丽的学习热情，她分别于1893年和1894年以优异的成绩获得了物理学学士学位和数学学士学位。而这段看似最艰难的求学时光，也只不过是她科学事业的起步阶段。

在巴黎大学即将毕业的时候，她结识了同样痴迷于科研的皮埃尔，并随后与其组建了家庭。皮埃尔认识玛丽之前，就已是一个有成就的科学家，婚后他们一起进行放射性物质的研究，共同走过了一段充满艰辛又乐趣无穷的生活。那时他们收入十分微薄，虽没有像样的实验室，但为了探索未知的领域，他们毅然决然地做实验。简陋的木棚是他们的实验室，成吨成吨的铀沥青矿渣是他们的实验对象，而几微克的放射性物质提取物，则是他们的目标。经过近三年的反复辛苦提炼，他们最终才得到一分克的氯化镭，并从中测出了镭的原子量。八年后，他们又提炼出纯净的镭元素，为放射学研究制定出基本的测定标准。至此，放射性这一新的科学研究领域才初具规模。

虽然居里夫人的求学之路并不顺畅，但凭着对科学事业的极大热爱和她顽强的毅力，最终，她仍踏上了科研之路。婚后的她与志同道合的丈夫皮埃尔更是坚定了科学研究的决心。尽管实验条件异常简陋，却丝毫没能动摇他们的信念。正是对每个实验不厌其烦的尝试和乐于享受那份属于科研工作者的孤独，他们一步步脚踏实地走向成功。

居里夫妇用他们平凡而伟大的人生告诉我们，每一个成功的人未必有着与生俱来的非凡能力，每一个看似传奇的人也未必在各方面都超乎寻常，他们可能有着与普通人相似的处境，但并不会被有限的条件所束缚。一旦树立目标，他们就会为此坚持不懈，在点滴的尝试与努力中不断收获成长。由此我们也更加相信，任何人的成功都没有捷径可走，保持坚定的信念并脚踏实地去拼搏才有可能获得成功。

主要人物关系

玛丽·居里　　波兰裔法国科学家，原名玛丽·斯科洛多夫斯卡，后嫁给皮埃尔·居里。她与丈夫共同研究放射性物质，与皮埃尔、亨利·贝克莱尔一起获得诺贝尔物理学奖，后来她又获得诺贝尔化学奖。

皮埃尔·居里　　法国物理学家，玛丽的丈夫，因为发现放射性元素钋与镭而与玛丽、亨利·贝克莱尔一起获得诺贝尔物理学奖。

艾莱娜·居里　　玛丽的大女儿，在母亲的影响下成为化学家，获得过诺贝尔化学奖。

艾娃·居里　　玛丽的小女儿。

雅克·居里	皮埃尔的哥哥，物理学家，曾与皮埃尔共同研究晶体的压电现象，两人一起发明了居里静电计。
亨利·贝克莱尔	法国科学家，最早发现铀盐有感光现象，引起玛丽与丈夫的关注，后来与居里夫妇一起获得诺贝尔物理学奖。
保尔·朗之万	法国科学家，居里夫妇的朋友。

品读思考

一、玛丽和皮埃尔都成长在普通家庭，但最终都取得了非凡的成就。你觉得在他们的成长过程中，哪些因素影响了他们走上非凡的科学道路？

二、居里夫妇一生成绩显著，请列举出他们两人所做出的具体贡献。

三、玛丽·居里被邀请去美国，在美国她受到了很大的触动。试简单概括她对美国的印象。

四、皮埃尔·居里不重名利，努力为改善实验室的条件而奔走。你觉得他这样做是否有意义？而皮埃尔·居里之所以这样做的原因是什么？

五、在皮埃尔的传记中，附录了几篇居里夫人的日记。从这些日记的内容，可以看出居里夫人在面对丈夫突然死亡这件事时，内心经历了很大的变化。请试着分析都经历了怎样的具体阶段。

六、居里夫人与皮埃尔·居里均为非常有才华及成就的科学家，但居里夫人在全球的影响力更加广泛。你认为是什么让居里夫人得到了人们如此的关注与尊崇？